天理教教義学研究

——生の根源的意味の探究

澤井義次

天理教道友社

目次

はじめに

現代の科学技術や文化の目覚ましい進展は、心の諸問題から環境倫理や生命倫理の諸問題に至るまで、現代社会に新たな問いを提示している。引きこもりや家庭内暴力などの心の問題、地球環境の破壊や悪化という環境問題、また生命科学の飛躍的な進展に伴う生命倫理の問題など、私たち現代人はさまざまな社会問題に直面している。かつては明瞭であった生と死の境界が、医療技術の発達によって曖昧になって、それが生命倫理の問題を引き起こしている。

そうした中、今年（二〇一一年）の三月十一日に東日本大地震が発生した。この未曾有の大地震は、想像を絶する津波や原発の放射能漏れを引き起こして甚大な被害をもたらしている。科学技術に支えられてきた現代社会は、これまでの知の枠組みやライフスタイルの再検討を迫られているといえよう。

これらの諸問題を解決することはもちろん容易ではない。ところが、こうした現代の深刻な諸問題は少なくとも、私たちがこれまで当然視してきた近代合理主義的なものの見方、あるいは、生きていることの日常的な意味理解を生の根源の地平から捉えなおすことの必要性を示唆している。現代人の多くは自らの知や力を過信するあまり、人間存在の本来的なあり方を見失ってきた。私たちが生きていることには、限りなく深い意味がある。その限りなく深い意味を、天理教教義学の視座から捉えなおし、生の根源的な意味を可能な限り明らかにする。それが小著の目的である。ここで筆者は、天理教教義学研究をとおして、現代社会が直面するこうした諸問題を踏まえながら、天理教の教義と信仰の意味を掘り下げて考察し、私たちがいかにあるべきかを探究することにしたい。

本論に入る前に、本書の構成を少し概観しておきたい。本書は三部十章から構成されている。まず第一部「天理教教義学とその視座」では、現代社会において、生の根源への問いが私たち現代人にとって、いかに本質的で重要であるかを明らかにし、そのうえで現代社会の諸問題に対処するために、天理教教義学の視座を提示し、人間存在の生の意味を捉える根本的なものの見方を考察したい。

次に、第二部「親神とその守護」においては、根源的啓示と生の根源的事実性の関わりを論じることによって、天理教コスモロジー（人間観・世界観）の構造を明らかにする。また、親神の呼称（「神」「月日」「をや」）の説き分けに込められた意味を考察することによって、この存在世界が親神の守護の理の世界であり、人間身の内は親神からの「かりもの」であることを自覚的に理解したい。

さらに、第三部「生の根源的意味とその理解」では、私たち人間が親神の守護に包まれて「生かされて生きている」という生の根源的事実性とその意味について理解を深めたい。ここでは、「かしもの・かりもの」と「いんねん」の教理によって教示される人間存在の生の本質的なあり方を明らかにする。さらに現代の人文諸科学の研究成果を踏まえながら、人間存在の生の事実性とその意味をめぐって、天理教人間学の意味論的パースペクティヴ（視座）を提示し、人間存在の生の根源的意味を探究したい。

天理教教義学は、天理教の教義と信仰に照らして、混迷する現代社会へ向けて、生きていることの真の意味を発信していく責務を担っている。天理教教義学に関する一試論を提示することによって、本書が一人でも多くの読者にとって、私たち人間存在の生の根源的な意味、あるいは本来的なあり方を掘り下げて理解する一つの契機になれば、これ以上の喜びはない。

第一部　天理教教義学とその視座

第一章　生の根源への問い

ふつう「生」といえば、その語は少し抽象的すぎて、一般的には生活あるいは生命、または人生などといったぐあいに、実に多様な意味を含んでいる。ここで筆者が取り上げようとする「生」とは、ただ単に生活とか生命あるいは人生などの語によって意味される具体的な事象ではない。それは生活とか人生などの意味あいを包み込みながらも、それらすべての語の意味の深みに伏在している「生きている」ということそれ自体、すなわち生そのもののことである。それは私たちが、いまここに「生きている」という事実それ自体を指し示している。「生きている」という生の事実性の本質、すなわち、「生」の根源を探究するということは、必然的に自己の存在の根源への根本的な問いとなる。

自己の存在の根源、あるいは「生きている」ということの存在根拠を探究することは、洋の東西を問わず、宗教思想や哲学思想の伝統において根本的な課題であった。人間存在の主体的なあり方や生きるべき本来的な道が追究され、さまざまな宗教思想や哲学思想が展開されてきた。自分という存在が「何のために、どうして生きているのか」、また「人生をいかに生きるべきなのか」。このような問いは、私たち人間存在にとって最も本質的で重要な問いである。

私たちは、とかく自分の力や知恵でもって生きているように思っている。ところが、決して自分の力や知恵だけで生きているのではない。自己の生をじっくりと省察するとき、何らかの人間以上の「大いなる力」の存在に支えられて生きていることに気づくであろう。その「大いなる力」の存在は、なかなか思うように言葉でもって表現することはできないが、その「大いなる力」は最後（だめ）の教えである天理教の信仰において、親神天理王命であると教えられる。親神という究極的実在は、この存在世界において、根源的で真実の神、すなわち「元の神」「実の神」である。人間存在は自分自身の中に、自己の生の根源をもっているのではない。親神こそが私たちの生の根源である。私たちは親神の十全の守護の世界に存在している。私たちは親神の懐に抱かれ、その守護に包まれて生かされて生きている。しかし私たち現代人は、生のこの根源的事実性を見失って、とかく上滑りした生き方をしている。それはまさに人間存在の生の根源、あるいは本来的なあり方を見失っている姿である。

一　「近代の知」と現代世界

生の根源へ向けて考察を進めていくためには、前もって私たちが生きている現代世界の精神風土、あるいは思想状況をよく理解しておく必要がある。現代世界はあえて一言でいえば、近代合理主義に根ざした「近代の知」のコスモロジー（人間観・世界観）が最も優先されている時代である。こうした精神風土において、私たち現代人は生まれ育ってきた。物事を合理的あるいは実証的に把捉する近代科学的な意味世界の中に、どっぷりと浸かって生きてきたのである。私たちは、いわば「近代の知」というメガネをとおして、物事を見ることに馴《な》れている。近代合理主義的な近代科学に根ざしたものの見方は今日、私たち現代人にとって常識になっている。しかし、「近代の知」という視座によって、生の根源、あるいはリアリティ（現実）をありのままに見ることができるかといえば、必ずしもそうではない。それは近代合理主義に根ざした「近代の知」が存在世界を論理整合的に説明するために構成された、一つの合理的で機械論的な知の枠組み、あるいは意味世界であるからである。

私たち人間存在の生をはじめ、すべての事物事象は近代科学的な知の枠組みに立脚している限り、論理的整合性をもって説明することができる。ところが、近代科学的な知の枠組みは、私たちの生のリアリティ、あるいは本質的なあり方をそのままに示しているのではない。それは、いわゆる「天の理」の世界の一面を照らし出しているにすぎないのである。

今日、急速な科学技術の発展によって、私たち現代人は数多くの恩恵に浴しており、また快適な生活を享受している。かつてであれば、夢のように思われたことでも、今日では次から次へと実現して、近代科学の偉大さが私たちの前に示されている。近代科学があまりにも有効であるために、私たち現代人の中には、近代科学の知こそが絶対の知であると思い込んでいる人も依然として多い。科学技術によって日々もたらされる快適な生活に馴れ、ものの豊かさに馴れてしまうと、そうした恵まれた生活が往々にして当たり前のようになり、私たちにとって根本的に大切なもの、あるいは、ほんとうの生き方が見えなくなっていたこともまた事実である。

現代の科学技術の発展を支えてきたのは、近代合理主義に基づいた「近代の知」のコスモロジーであるが、そうした考え方は、二〇一一年三月十一日に起こった東日本大震災によっても見直しを余儀なくされている。また、現代世界は環境汚染やオゾン層の破壊など、地球規模での深刻な環境問題に直面している。さらに子供のいじめや不登校、中高年のうつ病や自殺などにみられるように、学校や家庭、さらに社会全体がさまざまな心の問題を抱えている。ものが豊かになったものの、心は必ずしも豊かになっていない。現代世界を支えてきた「近代の知」

のコスモロジーは、科学のレベルにおいても、また哲学思想レベルにおいても再検討を迫られている（註1）。そうした点でも、現代世界はまさに大きな転機に差しかかっていると言えるであろう。

二　生の本来的なあり方へ

わが国では、スピリチュアル・ブームが一九九〇年代の後半以後、注目されるようになった。アメリカ合衆国では、この語はもっと早くから用いられていたが、現在、スピリチュアリティ現象は世界的に広まっている。一九九八年以後、世界保健機関（WHO）では、「健康」の定義の文章の中に、「肉体的」（physical）、「精神的」（mental）、「社会的」（social）の語以外に、「スピリチュアル」（spiritual）の語を含めるかどうかが大きな話題になった。近ごろでは、「スピリチュアル」とか「スピリチュアリティ」の語が、終末期医療、心の健康や教育、さらには芸術などの領域でも頻繁に用いられている。「スピリチュアリティ」（spirituality）の訳語として、「霊性」が用いられることもあるが、日本語としてどうも馴染《なじ》みにくい。そういうこともあって、一般的に片仮名のままで表現される。

この語に込められた意味は多岐にわたっていて、その拡がりを的確に把握することは難しい。ただ、スピリチュアリティの興隆が個人化した状況で形成されており、このブームは宗教学でいう「宗教の個人化」現象という脈絡の中で把握することができる。「宗教の個人化」とは、特定の宗教に属していなくとも、だれもが「宗教的なもの」とか「宗教ではない宗教的なもの」、すなわち「スピリチュアリティ」に関わっているという現代宗教の特徴を意味する（註2）。

現代人の多くは自分の抱えている不安や悩みを解消するために、さまざまな癒《いや》しの方法をとおして「自己変容」や「心の癒し」を追求している。こうした傾向は伝統的な宗教と距離を保ち、また同時に近代科学的な世界観を超えようとする点にその特徴がある。

一九七〇年代に「ニューエイジ」や「精神世界」の語が注目された。それが今日、「スピリチュアリティ」と呼ばれる現象の端緒であった。二十世紀後半になって、家族や親族の絆が希薄になり、地域社会における人間関係の絆も薄くなってきた。個人の行動の自由が増大した半面、さまざまなレベルで絆が弱くなって、今日では「無縁社会」ともいわれる現代社会の状況を生み出してきた。スピリチュアルなものを求めている人びとは確かな心の拠り所をもつことができず、なんとかして心の癒しを得ようとしている。ところが、なかなか安定したものの見方やアイデンティティをもつことができない。生の意味を短絡的に理解しようとすること自体、やはり限界があると言わざるをえない。

天理教では、「世界は鏡」と教えられる。人びとのこうした精神性は、生きていることの真の意味が分からず、いかに多くの人びとがさまざまな悩みを抱えているのかを映し出す「鏡」であると言えるであろう。つまり、現代社会の動向は、人びとが心の苦しみや悩みを抱え、生きる意味や心の拠り所を求めて彷徨《さまよ》っている世相を如実に反映している。

ともあれ、「近代の知」の枠組みの中で生きている私たち現代人は、いまここに「生きている」ということの有り難さを自覚的に理解して生活しているだろうか。たいていの人びとは、いまここに「生きている」ということが、ごく当たり前であるかのように思って日々、生活しているのではなかろうか。

いまここに「生きている」ことを当然のことのように受け止めているとすれば、それは自己の生、あるいは「生きている」ということの根源的な意味を自覚しないで生きている姿である。そのことは、私たち人間存在が自らの「生の根源」から切り離されていることを暗示している。最後（だめ）の教えをとおして、自らの「生の根源」が自覚的に認識されるとき、真実の「たすけ」へと道が開かれていく。「近代の知」のコスモロジーが再検討を迫られている今日、私たちは自らの生に込められた深い意味を自覚し、本来的な自己の生を取り戻すことが、これまで以上に求められている。

この小著において、私たちが立脚する研究の立場は天理教教義学の地平である。天理教教義学とは一言でいえば、天理教学において親神の啓示が真理であることを前提としながら、天理教教義の論証的あるいは体系的な理解を目指す研究部門である（註3）。

天理教教義学の地平において、私たち人間にとって「生きている」ということは、どういうことなのかという人間存在の生の問題に焦点を当てて、生の根源的な意味とその自覚的な理解について探究しようとする。近年、私たち人間存在の生とその意味については、近代医学をはじめ、さまざまな研究分野において、数多くの貴重な分析的研究が発表されている。ところが、それらのほとんどは、個別的には生を厳密に分析的に説明したものであっても、必ずしも生の全体性とその意味の理解へといざなうものではない。そのことは、生の問題がただ単に個別的な研究分野の課題ではなく、それら一切の分化に先立っている根源的な現象であることを物語っている。ここで意図しているのは、天理教の教義および信仰に照らしながら、生の全体性の構造的な理解へ向けて、生の根源あるいは本来的なあり方を明らかにし、さらにそれを自覚的な理解へもたらそうとすることである。

私たちは日常的な生をまさに生の根源から、すなわち「天の理」の世界に位置づけながら捉えなおすことになる。その試みは「生きている」という日常的な生のあり方を、親神の十全の守護に包まれて「生かされて生きている」というパースペクティヴ（視座）において理解することを目指すものである。つまり、生の本来的なあり方を座標軸としながら、日常的な生のもつ根源的な意味を把握しようとするのである。

三　生のリアリティと自覚

私たちの日々の信仰の歩みにおいて、日常的な生のあり方を最後（だめ）の教えが開示するところに沿って捉えなおし、「生きている」ことの意味を掘り下げて理解しようとする。そのとき、日常的な生を捉える私たち自らの心の地平は、生の根源へと深まり、生のリアリティ（現実）、すなわち根源的事実性を自覚することができるようになっていく。ここで生のリアリティ、すなわち根源的事実性というのは、一言でいえば「生かされて生きている」ということである。つまり、「神のからだ」である存在世界において、生の根源である親神の守護に包まれて、私たち人間をはじめ、生あるもののすべては「生かされて生きている」のである。私たちが親神の守護によって「生かされて生きている」という生の根源的事実性は、いまここに「生きている」という生の具体的事実性、日常的な生の具体的事実性の深みにおいて体認される。「天の理」という生の根源的な地平において、いまここに「生きている」という日常的な生の具体的事実性を捉えかえすと、私たちが親神の十全の守護に包まれて「生かされて生きている」という生のリアリティ、生の根源的事実性が明らかになる。

このように生のリアリティを自覚する――そのことは、私たち・人ひとりが自らの日常的な生の深みに、自らの日常的な生を超えた生の根源的事実性を理解するということである。これこそが生の根源の地平からの生の自覚である。それは私たちの日々の信仰の営みにおいて、天理教の教えを主体的に理解することを意味している。つまり、生の根源的事実性を自覚するということは、いわゆる「信仰の学」としての教義学の学問的特徴と不可分に結びついていると言えるであろう。それは教義学が、諸井慶徳氏の言葉を援用すれば、「教義を客体的対象として検討するものではなく、教義を主体的に理解して行く学」、つまり「『教義を主体的に味読し体得して行くこと』それ自体」であるからである(註4)。生の根源あるいは根源的事実性を自覚するということは、天理教の教えに基づいて「生きている」ということの意味を、ただ単に概念的にまた知的に把握し、あるいは教えの内容を単なる知識として理解することではない。この点について、中山正善二代真柱様は次のように明示されている。

我々の教理なり信仰というものは決して口に唱える物知りであるということが肝心ではなく、それを生活に現し、喜びを感ずるところに生命があるということであります。教祖様《おやさま》の、身を以てお教え頂いたところのひながたの道も、口をすっぱくして取り次いで頂いたところのものも、単に、物知りになれとて教えられたのではありません。肝心なのは、これを覚えることではなく、これを生活の中に織り込むことであります。(註5)

つまり、最も大切なのは自らの生に込められた根源的な意味を、教理および信仰に沿って主体的に理解し、それを生活の中に織り込んでいくことである。教理と信仰を生活の中に織り込んでいくにつれて、私たちの心は自分の力や知恵でもって「生きている」という日常的な知、すなわち常識の地平から、親神の守護に包まれて「生かされて生きている」という根源的な地平へと、おのずと次第に深まっていく。それにつれて、そこに拓《ひら》かれてくる生の根源の場（トポス）において、自らの生の本来的なあり方をはっきりと捉えなおすことができるようになる。教義に込められた私たち人間に対する親神の親心、あるいは教義が開示する天理教独自の論理を、いわゆる「生かされて生きている」という心の地平において理解することができるようになるのである。

四　「かしもの・かりもの」の教理と自覚

自己の生のリアリティ（現実）、すなわち根源を自覚するという場合、「自覚」の問題性は教義学的パースペクティヴ（視座）においては、「元の理」の話を淵源とする、いわゆる「かしもの・かりもの」の教理と特に密接に連関している。「かしもの・かりもの」の教理は、この道の信仰者であればだれもが知っているように、私たち人間存在の生の本質、あるいは根源的事実性を端的に表現している。もっとも、その教理はお道の信仰者であれば、だれもが一応知ってはいるものの、その中に込められた深い意味は心になかなか治まりにくい。それはその教理が常識的な言語理解、あるいは単なる理性的な理解のレベルを超えた親神の守護の世界を開示しているからである。「おふでさき」においては、次のように記されている。

にんけんハみな〳〵神のかしものや　なんとをもふてつこているやら　三 41

このよふハ一れつハみな月日なり　にんけんハみな月日かしもの　六 120

また「おさしづ」においては、次のようにも諭されている。

人間というは、身の内神のかしもの・かりもの、心一つ我が理。（明治二十二年六月一日）

「神のからだ」である存在世界において、私たち人間の身の内は、親神から借りている「かりもの」である。ただ、心だけは自分のものとして自由に使うことを許されていると教えられる。この「かしもの・かりもの」の教理によって説かれる意味世界は実に深遠である。その教理を理性的あるいは常識的に理解しようと思えば、それなりにこの教理の意味を理解することができるし、また人びとにも説明することができるであろう。しかし、単なる知的な理解だけでは、必ずしもこの教理の深みを理解したことにはならないし、また、その教えに照らして自らの生の根源を自覚しているということにもならない。この点について、「おふでさき」においては次のように記されている。

めへ／＼のみのうちよりのかりものを　しらずにいてハなにもわからん　三　137

つまり、たとえ天理教の教義について幅広く知識をもっていたとしても、自分自身の身体が親神からの「かりもの」であるという生のリアリティ（現実）、すなわち根源的事実性を主体的あるいは自覚的に理解していないとすれば、詰まるところ、自分自身のことも存在世界のことも根本的に何も分かっていないというわけである。同様の意味内容が「おさしづ」において、次のようにも諭されている。

身の内かりものゝ聞いて、一寸《ちよつと》の理聞き分けねば分からぬ。何ぼ信心するとも、理が分からねば分からん。

（明治二十一年一月二十三日）

「身の内かりもの」の教理を聞いて、大体の内容は知っていても、「一寸の理」がなるほどと心に治まらないようでは、いくら信仰の年限を積み重ねていたとしても、また知識としては教理をいろいろと知っていたとしても、教理を理解したことにはならない。また、自らの生の根源を真に理解したことにもならないのである。生の根源的事実性の自覚的理解とは、生の無自覚的意識から目覚めることである。生の自覚的理解によって、「一寸の理」すなわち私たち人間が親神の守護によって「生かされて生きている」という真実が、なるほどと心に治まる。日常的な生を超えた生の開けのうちに、私たちが親神の守護によって生かされて生きているという生の根源的事実性が開示されていく。

五　生の根源的意味の探究

天理教教義学的なパースペクティヴ（視座）において、いまここに「生きている」ということの根源的な意味を自覚的に理解しようとする試みは、まさしく教義学研究という学的な営みであると同時に、それ自体が自らの主体的な信仰の営みでもある。教義学的なパースペクティヴをとおして、私たちは「いわば素朴な信仰から自覚的な信仰へと進もうとする」のである（註6）。

教義学研究は「生きている」ということの意味をめぐって、教義をただ単に説明しようとするのではない。それは最後（だめ）の教えに照らして、親神の思いに近づいていこうとする日々の信仰の歩みの中で、生の根源的な意味の自覚的理解へ向けて、自らの教理理解を掘り下げていこうとするのである。

生の根源の自覚とは、ある意味において知的な認識を超えた、存在の深みに根ざしている自己認識である。それは存在の深みにおいて、私たちの日常的な生を根拠づけている親神の十全の守護の理を心底から理解することである。生の最も深い根源の場（トポス）から、私たち自らの生の日常的事実性を捉えなおすとき、それまでの合理的あるいは単なる知的な認識は、おのずとその存在根拠を失い、自分自身が親神の十全の守護に包まれて「生かされて生きている」という存在であることを理解することになる。自分自らの存在を、その中に生きている生の根源の場に位置づけて、いまここに「生きている」ことの根源的な意味を私たち各自が認識するとき、「生きている」ことの有り難さはもちろんのこと、私たち人間存在にとって本来的な「陽気ぐらし」の生き方が心底から自覚されることになる。

親神の十全の守護の理を理解することによって、生の根源的な意味を心底から自覚することができる。そうすれば日々、いまここに「生きている」ことの有り難さに心は満たされる。長い人生のあいだには、どのような日もあれば、またどのようなことも生起するであろうが、その中に親神の親心を読みとらせていただく。お道の教理および信仰に対する理解を深めながら、親神の守護によって「生かされて生きている」ことの喜びを味わい、親神にもたれて生きる。そこに生の根源的事実性をますます深いレベルで自覚することができるようになり、また親神は私たちを結構にお連れ通りくださるのである。

以上、叙述した予備的考察を踏まえて、この小著においては、最後（だめ）の教えが開示する教理の深い意味あいを掘り下げて考察しながら、私たちの生の存在根拠および根源的意味を明らかにしていきたい。

第二章　天理教教義学の視座

ここで教義学研究を進めるまえに、本章においては、「信仰の学」としての天理教学のパースペクティヴ（視座）、とりわけ天理教教義学の根本的な立場について論じておきたい。天理教教義学の視点から、生と死の問題や心の問題など、現代世界の諸問題をどのように理解すればよいのか。これらの諸問題に対して、私たちはどのように対処すればよいのか。そのためには、天理教学の地平を現代社会の脈絡の中で確認し、いまここに生きていることの意味を掘り下げて理解することは、これまで以上に重要な研究課題となっている。したがって本章では、現代社会に生起している心の諸問題や生命倫理に関わる諸問題など、まさに現代世界の諸問題に対処するために、天理教教義学の地平を確認し、さらに天理教コスモロジー（人間観・世界観）の地平から、人間存在の生の意味、すなわち生の事実性を捉える根本的なものの見方、考え方を探究したい。

一　「信仰の学」としての天理教学の地平

天理教学は生の根源的事実性の自覚的理解へ向けて、親神の根源的啓示に基づきながら、その教えの内容を探究する学である。しかし、天理教学が「学」であるとはいっても、自然科学と違って、親神の啓示とその真理性に対する信仰をその基本とし、親神の根源的啓示に依拠するところにその根本的特徴がある。この点が天理教学研究における最も重要な前提である。

最後（だめ）の教えとしてのこの道は、親神が教祖を「月日のやしろ」として人間に語りかけられて始まった。この歴史的事実が、「信仰の学」としての天理教学の基盤を成している。親神の根源的啓示は時間的にみれば、教祖が「月日のやしろ」となられた天保九年十月二十六日から、飯降伊蔵本席様が出直された明治四十年六月九日まで与えられた。親神の根源的啓示は、この時間的範囲において完結している。それは世界・人間・社会の全体を貫く根源的な理法を開示している。天理教のコスモロジーによれば、親神の守護の理が充ち満ちている世界において、「陽気ぐらし」こそが人間存在の本来的なあり方である。

親神が教祖をとおして直々啓示された真理は、合理的あるいは論理的な地平からだけでは確かに理解できないであろう。しかし、親神から「知恵の仕込み」を頂いている私たちは、親神にもたれて信仰を真摯《しんし》に生きるとき、親神の守護によって神一条の心へと大きく心を転換し、そのことによって、親神の思いに沿って成人への道を辿らせていただくことができる。私たち人間がまさしく、本来的に「陽気ぐらし」することのできる存在であるからである。

「学」としての天理教学が目指す目標は、人間存在のこうした本来的なあり方を自覚的かつ論証的に理解することにある。もしも、こうした天理教学の根本的立場を踏まえることなく教義研究を進めるとすれば、たとえそれが教義および信仰を語るものであったとしても、それは「信仰の学」としての天理教学研究ではない。

この要点に関する認識は、天理教学研究を進めるうえで不可欠である。それが私たち人間の知見を超えた親神の根源的啓示に基づく学問的探究である限り、天理教学は自然科学などの学問と全く同じ意味における「学」ではない。それが原典に関する研究であれ、天理教史に関する研究であれ、天理教学は天理教の教義および信仰を、その主体的な信仰に根ざしながら探究する学的営みなのである。

「信仰の学」としての天理教学の研究者に求められるのは、教えの真理性を踏まえながら、三原典に込められた親神の親心を理解しようとする姿勢、すなわち、天理教の信仰に根ざす学的態度である。天理教の信仰者にとって、親神の啓示書としての原典は親神の直接的かつ根源的な自己開示であり、存在世界の真理を明示するものとして受けとられ信じられる。ここで、三原典を理解するために求められる天理教学の学的態度は、ただ合理的あるいは論理的な思考だけによって、それらの知の枠組みに基づいて原典を理解しようとするのではなく、深谷忠政氏の表現を援用すれば、「原典でもって原典を理解する」という態度である（註1）。したがって、「原典に対しては、まず原典間の関連ということ、すなわちみかぐらうたを総論、おふでさきを本論、おさしづを各論衍義《えんぎ》というがごとき態度で臨むことが肝心で、総論本論を各論でゆすぶってはならない」（註2）。原典の理解には、原典の論理あるいは考え方に沿って行うことが重要である。原典の言語は親神の啓示を開示するものであって、日常言語レベルの意味理解によって原典のすべての内容を理解しきれるものではない。それは日常言語が基本的に概念的で一義的なものであるのに対して、原典の言葉がまさにシンボリカルで多義的であるからである。また、それが常識的あるいは日常的な意味世界を超えた天理教の意味世界、親神の言語行為としての根源的啓示を開示しているからである。

　このような特徴をもつ天理教学は、確かに教義や信仰が「いかに在るのか」という記述の学、あるいは事実学の側面をもっている。しかし同時に、その根底において、教義や信仰が「いかに在るべきか」という規範の学、あるいは本質学としての特徴をもつ。そのために天理教学において、記述的な要素と規範的な要素は密接不可分に結びついている。天理教学は親神の根源的啓示の真理性を前提とする点で、本来的に規範的な学の特徴をもっている。その意味において天理教学とは、私たち天理教者が天理教の信仰の自覚的理解を目指すための学的営みなのである。

二　天理教学の射程

天理教学のこうした方法論的把握を踏まえたうえで、天理教学の研究領域を確認しながら、天理教学の射程について考察することにしよう。天理教学の研究領域は大きく次の四つに区分できるであろう。すなわち、それらは原典研究、教史研究、教義学研究、さらに実践教学的研究である。それらはすべて有機的に相互連関して、親神の根源的啓示に込められた親神の思召の自覚的理解を目指すものである。

まず、原典研究は三原典の内容およびその意義を解明しようとするものである。それは親神の啓示書としての三原典、および教祖のお言葉に関する文献学的あるいは解釈学的な研究から成る。原典において開示された親神の思いに立脚しながら、人間存在の本来的なあり方を思惟することによって、原典の言葉に込められた意味はいっそう深く理解される。現代世界が直面している諸問題について、教えに基づいて考察するためには、原典研究の成果は最も重要な指針を提示することになる。こうした研究成果としては、周知のごとく、中山正善二代真柱様による「おふでさき」研究をはじめ、数多くの研究がすでに公にされている。天理教のコスモロジーを理解するためには、原典研究をとおして神観、人間観、世界観、救済観などの主要なテーマに沿って、教義とその体系を把捉することが求められる。

ちなみに、原典とは宗教学的にいえば「聖典」(scripture) である。一般的に「聖典」とは元来、書き物を意味するが、西洋文化においてScriptureといえば、一般的に『聖書』、すなわち「書かれた聖典」(a written scripture) のことであった。

ところが近年、宗教学の聖典研究によれば、聖典の意義とその内容を理解するためには、「書かれた聖典」とともに「語られる聖典」(a spoken scripture) に注目することが重要であると、ようやく認識されるようになった。宗教学者のあいだでは、従来からも宗教伝統における「語られる聖典」の重要性は認識されてきたが、パロール（話し言葉）としての聖典に関する本格的な研究は、ほとんど行われてこなかった。近年の宗教学界では、特に西洋の宗教伝統に由来する宗教概念の再検討がなされているが、そうした研究動向の中で、聖典のパロール性あるいは口述性にも焦点が当てられるようになっている。

こうした聖典論の視座から三原典を捉えなおすとき、エクリチュール（書き言葉）としての「おふでさき」と「みかぐらうた」、パロール（話し言葉）のエクリチュール化としての「おさしづ」が、天理教ではすでにそれぞれ特有の特徴をもっていることは注目に値する。また、教祖が取次を仕込むために、パロールとして話された内容を直弟子が纏《まと》めた「こふき話」の重要性も認識できるであろう（註3）。また原典学との関連において、教祖のひながたとその実践的教示に込められた意味を理解するためには、『稿本天理教教祖伝』や『稿本天理教教祖伝逸話篇』、またそれらに関連するさまざまな文献史料、その当時の社会背景に関する理解も不可欠であることは言うまでもない。

次に、教史研究とは教会史、伝道史、教理史など、天理教の展開に関する歴史的研究である。また、地域社会における教会のあり方を理解するうえで、教会の歴史および伝道の経緯に関する理解も重要な研究分野である。さらに教会史や伝道史と関連して、教祖の直弟子をはじめ、先人たちの説いた教話に関する研究も重要である（註4）。教話は、それが先人によって書き残された手記であれ、あるいは先人が口述したものを筆記したものであれ、三原典に込められた親神の思いを理解するためにも、また布教伝道において先人たちがいかに教えを説いたのかを理解するためにも、重要な手がかりとなる。これらの教話は、教会学にとっても貴重なデータである。

原典研究と天理教史研究を踏まえて、教義学研究が展開される。それは教義と信仰の体系的あるいは理論的な研究であるが、すでに示唆したように現代の諸問題を教義や信仰に照らして捉え、その根本的な解決へ向けた歩みを進めるために不可欠である。

教義学研究では、啓示書である三原典、すなわち「おふでさき」「みかぐらうた」「おさしづ」、また教祖の直弟子たちが教祖から聞いた話を書き残した「こふき話」、さらに生きた実践的教示としての教祖のひながたに基づいて、私たちは親神によって開示された「この世治める真実の道」の教えを主体的に探究し、教義の全体的構造をできる限り明らかにしようとする。現代社会の諸問題に対処するためには、特に教義学は、これまで以上に重要な役割を担っている。原典研究や教史研究の成果を踏まえながら、現代社会のコンテクスト（脈絡）に照らして、教義学は親神の啓示の言葉に関する解釈学的研究を展開する研究分野である。教義学は、中島秀夫氏の表現を援用すれば、「素朴な信仰段階から自覚的な信仰段階へ」向けて、教義を理論的あるいは体系的に掘り下げて探究しようとするものである（註5）。したがって、天理教学の地平に照らして、人間存在の生とその意味を探究する、いわゆる天理教人間学も教義学の重要な部門を構成している（註6）。

信仰とは言うまでもなく、諸井慶徳氏が指摘されたように「全的なる生の納得」である（註7）。それは合理的あるいは日常的な意味理解を超えている。それは生きているという生の根源的事実性を全人格的に理解することである。教義をただ素朴に信仰することも、確かに私たち天理教者にとって成人への重要な姿勢であるが、教義学研究をとおして教義を理論的に理解することも、信仰の理解を確固たるものとするうえで重要であろう。

ここで留意すべき点は、教義あるいは教理の理解と信仰の実践が密接不可分であるということである。教理と信仰は、いわば車の両輪のような関係にある。諸井慶徳氏が端的に述べられたように、「教理なき信仰は空虚であり、信仰なき教理は無力である」。つまり、教義の理解は信仰の実践によって次第に深められていく。また信仰の実践は、教義の理解がともなうとき確固としたものとなっていく。このことは、教義学研究が教義および信仰の論理的あるいは理論的な研究ではあるが、それと同時に、教義および信仰の主体的な自覚、生の意味理解へ向けての探究であることを示している。

最後に、実践教学的研究は、原典研究、教史研究、教義学研究によって蓄積される研究成果を踏まえながら推進される。この研究領域は、現代世界における教会のあり方を探究する教会学、にをいがけ・おたすけという布教伝道のテーマを扱う伝道学など、教義および信仰の実践全般に関する具体的・実践的な研究領域である。

混迷する現代社会において、社会の価値観が多様化し、多くの人びとは生きることの意味を見失っている。現代の社会学の分析によれば、生活空間の中で伝統的に地域社会を構成していた親密圏が崩壊し、また家族における夫婦・親子の絆が弱まり、家族は「個人化」してきている。こうした社会状況における教会のあり方について、教会学の視点からみれば、教会はいわば「拡大家族」として、社会の荒波に揉まれる家族の不安定なあり方を補完するという社会的な役割を担っている。このことは伝道学の視点からみても、教会が地域社会における「たすけ道場」として、その重要性をいっそう増していることを明示している（註8）。

さらに、他宗教との対話シンポジウムなどの学術的な討議も、広義の実践教学的研究に含まれるであろう。そうした学術的な討議内容は、教義学研究の成果を踏まえているという意味で、応用教学とも言えるであろう。

周知のごとく、「天理教とキリスト教の対話」シンポジウムが一九九八年、ローマの教皇グレゴリアン大学において、ローマ天理教展として開催された。また二〇〇二年には、対話の場を天理大学に移して、「天理教とキリスト教の対話」シンポジウムが天理国際シンポジウム2

〇〇２「教育・家族・宗教――天理教とキリスト教の対話Ⅱ」として行われた（註９）。それらの宗教間対話では、これまでの教学研究の成果を踏まえて、天理教の教義と信仰に基づく知見が、カトリック神学者を対話の相手として提示された。それらの対話シンポジウムでは、現代世界における深刻な諸問題の中でも、特に家族の諸問題の根本的な解決へ向けて、天理教者とキリスト者のあいだで掘り下げた討議が行われた。そうした討議をとおして、特に家庭における宗教教育の重要性が、宗教の違いを超えて確認されたことは注目すべき点であろう。

現代世界において、生命や医療の現場における倫理の諸問題や地球環境の諸問題に対して、私たち天理教者が天理教の教義と信仰に基づいて、どのような姿勢で取り組んでいくべきであろうか。こうした現代の諸問題に対して、教義と信仰に基づいて進むべき方向性を提示していくことも、教義学研究あるいは実践教学的研究にとって、ますます重要な研究課題である（註10）。これらの研究課題に対して、天理教学の立場から真摯に取り組むためには、原典の理解を深めると同時に、宗教学や現代思想の研究成果をはじめ、環境倫理学、生命科学さらには生命倫理学など、最新の研究成果に関する理解を深めていくことも不可欠であろう。

三　生の事実性とその理解へ——天理教教義学の視座——

この小著が立脚している天理教教義学は、最後（だめ）の教えの原典を教義の根拠としながら、教義を論証的あるいは自覚的に理解しようとする。教義研究は私たち各自の真摯な信仰の営みと不可分に結びついている。教義研究と信仰実践とは本質的に相補的な関係にある。原典および教義を掘り下げて学ばせていただくとともに、日々、教義を生活の中に織り込む努力を積み重ねさせていただく。そのことによって、いまここに「生きている」ことの根源的な意味を、より深く自覚することができるようになる。天理教教義学のパースペクティヴ（視座）から、私たち天理教者は、いまここに「生きている」ことの意味、すなわち生の事実性をいかに捉え、現代の諸問題に対してどのように主張することができるだろうか。

ここでは、「近代の知」のコスモロジー（人間観・世界観）の再考にとって不可欠なテーマである生の事実性とその理解に焦点を絞って、信仰の学としての天理教教義学の地平からの根本的なものの見方、考え方について考察することにしたい。

天理教の信仰とは、私たちがそれぞれ、元の神・実の神である親神の十全の守護によって「生かされて生きている」という生の根源的事実性の自覚的理解に基づいている（註11）。すでに第一章で示唆したように、生の根源的事実性とは、自分の知恵や力で「生きている」という生の日常経験的な事実、すなわち、生の日常的事実性の認識を超えた人間存在の生の本質である。生の事実性は、生の日常的事実性と根源的事実性という二重性をなしている。生の日常的事実性の認識も、確かに生の事実性の部分的な理解である。ところが、それは生の根源的事実性の理解と違って、生の事実性の表層的レベルの理解にすぎない。

ただ、ここで留意すべき点は、生の日常的事実性と根源的事実性が二つの別個の生の事実性として存在するのではないということである。このように言説するとき、これらが二つの別個の生の事実性のようにもみえるが、決してそうではない。それら二つの事実性が、同時に同一の事実性であるためである。二つの生の事実性を二つの別個のものとして捉えるのは、生の根源的事実性の地平から捉えられる生の自覚的理解ではない。生の根源的事実性は存在論的にいえば、生の日常的事実性を包摂する。したがって信仰とは、親神の根源的啓示によって開示される生の深みにおいて、自己および他者の生の意味、すなわち、親神のご守護に包まれて「生かされて生きている」という生の根源的事実性を生き生きと、まさに在るがままに認識し、自他ともに親神にもたれて生きることである。つまり信仰は、親神のご守護によって生かされているという生の根源的意味の理解に基づいて、主体としての自己が他者とともに心勇んで生きる道を歩むことである。ここに、日々の生活を構成する一つひとつの行為に、生の根源の地平から意味が与えられる。

生きることとの根源的意味を理解しようとする心の目線が、生の日常的事実性の地平から生の根源的事実性の地平へと次第に深化するにしたがって、生の意味理解も少しずつ違ってくる。このとき、生の意味転換が徐々に生起する。生きることに生の根源の地平からの意味が与えられるとき、まさしく生の根源的事実性の自覚的理解がもたらされる。意味論的にいえば、自分の知恵や力で「生きている」という生の意味理解が、親神の守護に包まれて「生かされて生きている」という生の意味理解へと移行する。たとえ存在世界それ自体は変わらなくとも、心に映る「意味」としての世界が変わっていく。

私たちはふだん、近代科学的世界観に基づく日常的な意味世界において、社会慣習的に固定した言葉の意味にしたがって生活している。日常経験的な意味次元において、生きていることの意味を理解している。こうした視点も重要であることは言うまでもないが、生の意味はすでに述べたように、日常的な意味次元だけで捉えきれるわけではない。天理教学の地平からみれば、そうした生の意味理解だけでは、親神の根源的啓示が開示する存在のリアリティ（現実）全体を把握することは不可能である。それは、存在のリアリティが二重の意味世界、すなわち、表層的な意味世界と深層的な意味世界から成っているからである。

私たちはそうした二重の意味世界に生きている。その意味では、私たち人間存在は、いわば「二重の意味世界内存在」である。日常的な意味世界の深みには、生の根源的な意味を開示する深層的な意味世界、生の根源的事実性が拡がっている。日常的あるいは表層的な意味世界と深層的な意味世界、すなわち、生の日常的事実性と生の根源的事実性は二重に重なり合っている。現代社会が直面している諸問題を解決するためには、天理教教義学のパースペクティヴ（視座）をとおして明らかになる生の根源的事実性を認識し、日常的な意味世界に伏在する生のリアリティ、すなわち深層的な意味世界への視座をもつことが不可欠であろう。

現代を生きる私たちにとって、天理教教義学のパースペクティヴは、これまで論じてきたように、生の根源的事実性の自覚的理解への方向性を明示するものである。天理教のコスモロジーに照らして存在世界を捉えなおすとき、意味の深みの地平が次第に開けて、この存在世界が親神の守護の世界であることが少しずつ見えてくる。つまり、この世界が「神のからだ」であり、また私たち人間が親神の懐住まいをしていることが次第に理解されることになる。生の意味をこうした視座から捉えなおすとき、これまで見ていた同じ事物事象も全く違った意味をもつ。心の地平が深化するにつれて、常識的な意味の地平を超えた深層的な意味の世界、私たち人間の本来的なあり方が開示されるであろう。

天理教のコスモロジーからみれば、「世界は鏡」である。世界の諸問題には、私たち人間の心がいわば「鏡」のように映し出されている。つまり、現代世界において、私たちが直面する深刻な諸問題には、私たち現代人の心の使い方や生き方に対する反省を促し、人間存在の本来的なあり方、生き方へと何とかしていざなおうとする親神の深い思いが込められている。したがって、現代の諸問題を根本的に解決していくためには、私たち一人ひとりが天理教コスモロジーの開示する生の根源の地平から、いまここに生きていることの意味を捉えなおし、その生の自覚的理解に基づく生き方を世界へと映していくことが、今後ますます重要になっていくであろう。

四　親神の啓示と言葉

教義学研究を進めるうえで、留意すべき最も大切な点は、原典の言葉が親神の言葉、すなわち、教祖をとおして開示された親神の根源的啓示であるということである。それは確かに、私たちがふだん使っている日常の言葉ではあるが、単なる日常の言葉ではない。「おふでさき」

においては、次のように諭されている。

とのよふな事をゆうのもにんけんの　心でわない月日こゝろや　七 52
いまゝでもない事ばかりゆうのもな　これも月日のみなをしへやで　十 76

原典に記されている言葉はすべて、親神の「をしへ（教え）」、すなわち啓示の言葉である。言語哲学的にいえば、日常言語を超えた言説レベルにおいて、日常言語が使われているわけである。教義学的な視座からみれば、原典において使われている言葉は、表面的には私たちがふだん使っている言葉と同じものであるが、その言葉に込められた意味の拡がりは、私たちの日常的意識あるいは常識的な理解を超えた存在の深み、すなわち生の本質的なあり方、および存在世界の本質を開示している。親神による啓示の言葉は、まさしく日常の言語レベルにありながら、それと同時に日常の言語を超えた言説レベルにおいて、私たち人間存在の生の本質、あるいは存在世界の真実を明らかにしているのである。

原典では、社会的あるいは慣習的に定着した既成の意味をもつ言葉が使われているが、それらの言葉には、社会的あるいは慣習的な意味を超えた親神の深い親心が込められている。私たち人間をはじめ、生あるものすべての生命の根源である親神の思いが込められ、この存在世界が親神の守護の世界であることが開示されているのである。

親神の根源的啓示の内容は、日常言語的な意味理解によって、あるいは常識的な地平において、かなりの程度まで理解することができる。それは親神の啓示が日常言語でもって語られているからである。

しかしながら、日常言語的な意味理解でもって、原典に込められた親神の思いがすべて理解できるわけではない。親神の啓示の言葉は日常言語の意味世界をずらし、日常的な意味世界の深みに伏在する真の意味世界、すなわち、親神の守護の世界を開示しているのである。天理教の教義と信仰の根幹をなす「元の理」の話の内容が真に理解できるようになるためには、原典および教義をしっかりと学ばせていただき、また、いわば澄んだ水のごとく、親神の理を鮮やかに映すことができるように、自らの心を澄ます努力をすることが大切である。そうした真摯な信仰の歩みの中で、生の根源的意味を探究していくにつれて、私たちは親神の深い親心、あるいは、この世界が親神の守護の世界であることを心底から分からせていただけるようになる。

五　教義の有機的な構造

生の根源である親神天理王命は、教祖をとおして直接、人間存在の生の根源的な意味、および人類の救済への究極的な筋道を開示された。親神のその根源的啓示に基づいて、天理教教会本部において示されたものが天理教教義である（註12）。教義は、中山正善二代真柱様の表現によれば、「教祖のお口とお筆を通しての言語の展開によるもの」と「教祖の身を以てせられた手本ひながたの提示によるもの」から成り立っている。また「言語による教義展開は、一重《ひとえ》に教祖の道すがらによる教義展開によって真に生命づけられて行った」のである（註13）。いわゆる「言語の展開によるもの」には、次の四種類の形態がある。すなわち、「おふでさき」「みかぐらうた」「おさしづ」の三原典、および特に取次の者に仕込まれた理の話である「こふき話」である。二代真柱様は、三原典および「こふき話」の根本的特徴を次のように説明されている。

> おふでさきによって原理的規範が示され、これに先立って、みかぐらうたによって生命的教導がなされ、『こふき話』によって神秘的玄奥が語られ、おさしづによって現実的指示が与えられたのであった。そして又、おふでさきは熟読玩味し心に銘記すべきおうたを記

された書き物であり、みかぐらうたは、うたい、手踊りする中の唱え言葉として生命化されるべきものであり、『こふき話』は意味を洞察し体認すべき物語であり、おさしづはそれによって現実の歩みを正すべきお言葉である。（註14）

これら三原典および「こふき話」の内容の根本をなしているのは「元の理」の話である。「元の理」の話は、かぐらづとめに込められた親神の「たすけ」の深い思召を、人間世界の根源に遡《さかのぼ》って明らかにされたものである。それは人間世界創造の話、すなわちコスモゴニー（cosmogony 宇宙生成論）の言説スタイルでもって記されている。ところが、それはただ単に人間世界創造の話ではなく、私たち人間存在がいかに存在しているのかを説くコスモロジー（cosmology 人間観・世界観）でもある。こうした「元の理」の話の根本的な特徴を、私たちは十分に認識しておかなければならない。「元の理」の話こそは天理教教義の根幹をなしているのである。

天理教に特有の神観、人間観、世界観、救済観のすべては、この「元の理」の話に淵源している。たとえば、お道の教え全体を一本の樹木に譬《たと》えるならば、「元の理」の話が根の部分を成している。神観であれ人間観であれ、すべての教理はそれぞれ別個のものとして存在しているのではなく、それらがすべて「元の理」の話に根ざしながら相互連関し合う有機的な構造を成している。この点が天理教教義のもつ本質的な特質の一つである。天理教教義の論理は「元の理」の話に凝縮されて記されている。したがって、お道の教義は「元の理」という「原典の論理（考え方）」に沿って理解することが大切である（註15）。

第二部　親神とその守護

第三章　根源的啓示と生の根源的事実性

親神天理王命は、この存在世界における唯一の「をや（親）」、すべての生命の源である。親神による「根源的啓示」（註1）をとおして、私たち人間は生の根源の地平において、自らの生の真の意味、すなわち、親神の十全の守護によって「生かされて生きている」という生の根源的事実性を自覚することができる。生の根源的事実性を自覚するとはいっても、私たちが生の本質を、ただ単に自らの力や知恵でもって理解するというのではない。生命の源である親神の自己啓示をとおして、生の根源的意味をはじめて理解することができるのである。

私たちが生きている存在世界は、親神の守護の理が充ち満ちている天理の世界である。この真実に気づくとき、いまここに「生きている」という生の事実性を捉える心の視座が、おのずと根本的に変わってくる。

「おふでさき」においては、「このよふハりいでせめたるせかいなり（この世は理でせめたる世界なり）」（一　21）と記されている。この存在世界は「神のからだ」であり、親神の十全の働き、すなわち「理」によって治められている。最後（だめ）の教えにおいて、いわゆる「理」とは、親神の人間創造の思召に由来する天理である。それは決して単なる因果律ではなく、親神の温かい親心に基づく道理である。つまり、「理」とは「人間をつくり、その陽気ぐらしをするのを見て親神も共に楽しみたいという親心から人間をはじめられた事柄、ここに根ざす筋道」である（註2）。あえて一言でいえば、親神の「たすけ」の筋道である。人間世界の「理」には、私たち人間に対する、元の親たる親神の深い思いが込められている。

本章では、まず、天理教教義の根幹をなす「元の理」の話の特質を考察し、そのうえで「元の理」の話を踏まえながら、親神の根源的啓示が開示する天理教コスモロジー（人間観・世界観）の構造を明らかにしたい。

一　根源的啓示と最後の教え

親神が自ら「地上の月日」たる教祖をとおして、直々に自己顕現されたことについて、「おふでさき」には次のように記されている。

このたびハ神がをもていあらハれて　なにかいさいをといてきかする　一　3

また「おさしづ」においては、

それだめの教《おしえ》を説くという処《ところ》の理を聞き分け。（明治二十一年一月八日）

と諭されている。元なる親である親神の根源的啓示によって、いまだ明らかにされなかった人間世界の真実、すなわち「だめの教」がはじめて説かれたのである。教祖の直弟子の先人たちが教祖から聞いた話を書き残した「こふき話」の一つ、十六年本（桝井本）は、次のように記している。

このたひ《此度》まて《迄》わこ《此》たすけ、おしゑる《教》ことでけす《事出来ず》、ゆゑ《故》に、これまて《迄》せかしゆう《世界中》に、おかみ《拝》きとふ《祈禱》や、ゐき《易》はんだん《判断》、いしや《医者》くすり《薬》、これわみな《皆》人間のしゆうり《修理》こゑ《肥》におしゑ《教》あることなり《事》。（註3）

「元の神」「実の神」である親神は長い歳月にわたり、さまざまな「しゅうりこゑ（修理肥）」でもって、いわば裏から人間世界を守護されてきた。しかし、元の子数の年限が経った時点（天保九年十月二十六日）で、親神は元のぢばにおいて、最後（だめ）の教えを啓示され、生の根源的意味あるいは真実の生き方を明示された。この存在世界が親神の守護の理に満ちた、いわゆる天理の世界であることを説き明かされたのである。先人の教話は次のように語り伝えている。

このたび、おやさまより、御じいうよう、御はたらきの理を、御きかせくださいまして、ぜん申す通り、ちゑもしこみ、がくもんもしこみ、よろづのこと、だん〳〵とをしへてきて、十のものなら九ツまでをしへたで、此のたびは、その残り一ツを教へるでと、きかせられます。（註4）

十のかずなら、一ばんしまひの十目のをしへ。すなはち、とめのをしへや。だめのをしへやで。（註5）

天理教教義学的パースペクティヴ（視座）においては、人間の成人に応じて「十のものなら九ツまで」がこれまでの宗教や哲学思想において教示されてきた。そうした中にあって、「だめのをしへ（最後の教え）」は存在のリアリティ（現実）の本質を明示している「とめのをしへ（止めの教え）」、すなわち、生の根源を開示している究極的な教えなのである。

二　「元の理は神の話す理」

親神の根源的啓示は、すでに前章で述べたように、時間的にみれば、天保九年十月二十六日（教祖が「月日のやしろ」となられた日であり、立教の元一日）から、明治四十年六月九日（飯降伊蔵本席様が出直された日）まで与えられた。この時間的範囲において、親神の根源的啓示は完結している。「元の理」の話は、親神による「いま丶でにないたすけ（今までにない『たすけ』）」の意味を、私たち人間存在の根源の地平に遡《さかのぼ》って明らかにしている。「おふでさき」においては、次のように記されている。

いま、でにないたすけをばするからハ　もとをしらさん事にをいてわ　九　29

「元の理」の話は、「元の神」「実の神」である親神が、人間創造の母胎としての魂のいんねんある教祖をとおして直々に説き明かされたものである。「元の理」の話に説き分けられている重要なかどめは、親神の人間世界創造のプロセスとその中に込められた親心、および人間世界における親神の守護の理である。それは人間世界の根源的真実を明示したものである。「おさしづ」においては、

神の話聞かして理を諭して、さあ〳〵元一つの理をよう忘れんように聞かし置く。（明治二十一年八月九日）

理は元の理、元の理は神の話す理。（明治二十九年八月二十二日）

と諭されている。

「元の理」は「神の話す理」である。それは私たち人間が自らの生の本質を自覚し、本来的な生き方をするのに不可欠な根源的真実なのである。「元の理」の話は親神の根源的啓示の根本、

天理教教義の根幹をなしている。神観、人間観、世界観、救済観などの教理はすべて、この「元の理」の話の中に凝縮されている。その話の内容は『天理教教典』の第三章（「元の理」）に纏《まと》められている（註6）。その話の内容を理解することによって、親神の守護の理、および「かしもの・かりもの」の教理もいっそう深く理解することができるようになる。それはまさに、この道の信仰において重要な根本教義である。

三　「陽気ぐらし」―生の究極的目標―

天理教は「陽気ぐらし」の教えである。「陽気ぐらし」はまさに天理教の信仰の根本であり、「元の神」「実の神」である親神が私たち人間を創造された目的である。「おふでさき」では、次のように諭されている。

月日にわにんけんはじめかけたのわ　よふきゆさんがみたいゆへから　十四　25

元の神・実の神である親神は、私たち人間が「陽気ぐらし」をするのを楽しみに、人間存在を創造されたと教えられる。「陽気ぐらし」は親神による人間創造の目的であり、私たち人間にとって生の究極的目標である。「陽気ぐらし」という人間創造の目的それ自体が、すでに私たち人間の「陽気ぐらし」という本来的なあり方、あるいは生の根源的意味を示している。私たち人間は「陽気ぐらし」を生きるべく創造された存在である。私たちは本来的に喜びに満ちた「陽気ぐらし」の可能性をもって存在している。「陽気ぐらし」は神人和楽の「陽気ぐらし」とも言われるように、親神の懐住まいをする中に、親神の思召に沿って人間存在が親神とともに喜びに溢れた生を楽しむ生き方である。つまり、私たちのだれもが「陽気ぐらし」という根源的で普遍的な存在根拠を共有している。それこそは人間存在の生の本来的なあり方、すなわち「元のいんねん」である。私たち人間存在においては、普遍的な「元のいんねん」のうえに、個人的な存在根拠が重なり合っている。それは個人の「いんねん」と呼ばれるものであるが、私たちに許された心の自由と不可分な関係にある。個人の「いんねん」の意味は、「元のいんねん」に込められた親神の深い思いに照らして理解することが大切である（註7）。

元来、「陽気づくめ」であるべき私たちの心は、実際には、自己中心的な心の使い方、すなわち「ほこり」によって曇っている。そのために、私たちは絶え間なく親神の限りない十全の守護によって「生かされて生きている」という生の根源的事実性、さらには「陽気ぐらし」という人間存在の本来的なあり方を、とかく自覚することができないでいる。心のこうした存在的なあり方は、埃が積もり重なり濁っている水のメタファー（隠喩）によって表現される。私たちはそれぞれ、自らの生のあり方を親神の思召に照らして、心の「ほこり」を取り除いて澄ましさえすれば、ちょうど澄んだ水のように、人間存在の心は本来の陽気な姿になる。確かに長い歳月のあいだ積み重ねてきた「ほこり」は、なかなかそう簡単には取り除けないかもしれない。しかし、成人の歩みをこつこつと続けるうちに、親神は私たちの誠真実をお受け取りくださり、「陽気ぐらし」の世界へと導いてくださる。

このように、心の「ほこり」を払えば、本来の陽気な姿となり「陽気ぐらし」が実現される。この教えは、たとえばキリスト教において説かれる、人間存在すべてが生まれながらに罪を背負っているという、いわゆる原罪の教えとは根本的に違っている。この道の信仰では、「陽気ぐらし」は私たちが生きているこの世界に実現されると教えられる。「みかぐらうた」には、次のように記されている。

こゝはこのよのごくらくや　わしもはやく〳〵まゐりたい

四下り目　9

仏教伝統の中でも、特に浄土教の教えでは、いわゆる「ごくらく（極楽）」は西の方十万億の仏国土をすぎたところにあるという阿弥陀仏の浄土を意味する。そこでは、阿弥陀仏が、往生することのできた人びとに対して教えを説いているといわれる。その極楽浄土に生まれることを目標とする浄土教の教えと違って、天理教の信仰では、この世界それ自体が陽気ぐらし世界、すなわち、仏教の教えでいう、いわゆる極楽となるべき世界である。この道の教えには、天国とか地獄などの他界の思想はない。その点も天理教の教えの特質の一つである。「陽気ぐらし」の世界は、ただ個人的に自分だけが「陽気ぐらし」をすれば実現されるというようなものではない。それは私たち人間がすべて、親神を「をや」と仰ぐ兄弟姉妹であることを自覚し、互いに立て合いたすけ合って、喜びに溢れた人生を生きるところに実現されるからである。この点は、「おさしづ」において次のように教えてくださっている。

皆《み》んな勇ましてこそ、真の陽気という。めん〳〵楽しんで、後々の者苦しますようでは、ほんとの陽気とは言えん。（明治三十年十二月十一日）

「陽気ぐらし」とは、他の人びとととともに喜びを分かち合い、ともに楽しむところに現成する。

お互いの心が一手一つになってはじめて、親神に受け取っていただくことができる。自らの生の根源的な意味をみつめながら、私たち各自が心を改めて、陽気づくめの心をもって生きる。お互いに心を合わせて、喜びに溢れた日々を生きる。そうすると、その喜びは親神の守護によって、さらに大きな喜びとなっていく。その喜びに満ちた陽気が世界中に広まり、ついには、いまここに私たちが生きているこの世界が「陽気ぐらし」の世界に立て替わる守護をくださる。親神の示される「陽気ぐらし」の光に照らされ、私たちは自らの生の根源的なあり方へと立ちかえって、生きていることの真の意味をみつめながら地道に歩むところに、「陽気ぐらし」への道をご守護いただくことができる。

四　「皆丸い心で」――生の根源的事実性へ――

ここで、天理教のコスモロジー（人間観・世界観）を掘り下げて理解するために、教祖（中山みき）の逸話「皆丸い心で」を取り上げてみよう（註8）。この逸話は天理教のコスモロジーを端的に物語るものである。教祖の逸話の内容を理解しようとするとき、教祖のお言葉がどのような状況において話されたものかを把握することによって、お言葉の内容をいっそう生き生きと理解することができるであろう。そのためには、おぢばへ引き寄せられて、教祖のお言葉を聞いた人びとの心の地平へと私たちの心を可能な限り引き付けるという、いわば解釈学的態度が求められる。したがって、教祖のお言葉が語られた意味の深みへと、私たちの心を可能な限り掘り下げながら、この逸話を読んでみたい。

この逸話は『稿本天理教教祖伝逸話篇』によれば、「明治十六、七年頃の話。久保小三郎が、子供の楢治郎の眼病を救けて頂いて、お礼詣《まい》りに、妻子を連れておぢばへ帰らせて頂いた時のことである」と記されている。久保小三郎という先人は教会本部直轄の田原分教会の初代である（註9）。楢治郎が眼のさわりをたすけていただいたのは、久保小三郎三十歳、子供の楢治郎七、八歳ごろであったといわれる。子供の身上をたすけていただいたお礼に、久保小三郎親子は揃っておぢばへ帰り、教祖に会わせていただいた。小三郎夫婦はそのとき、教祖にたすけていただいたことの有り難さを身に染みて感じるとともに、「かしもの・かりもの」の教理によって、この存在世界における生の根源的事実性へと心が拓《ひら》かれていった。

私たちの心がこの世界における生の根源的事実性へと拓かれるということは、心が澄んで、心の地平が深まることを意味する。心の地平は一つの世界、すなわち意味空間を構成しているが、心のあり方は見えない仕方で二重になっている。一つの心の地平は自分の知恵や力で「生きている」という日常経験的なもので、この心の地平では、この地平に現われたものだけに目を奪われてしまって、私たちが生きていることの根源的意味、本質的なあり方は見えない。

ところが、その心の地平の深みに位置するもう一つの地平は、日常経験的な心の地平が次第に深まるにつれて拓かれていく。それは親神のご守護によって「生かされて生きている」という根源的な地平である。これら二つの地平は、決して二項対立的なものではなく、お互いに重なり合っている。こうした心の地平は身上のさわりや事情のもつれなど、自分の知恵や力ではどうにもならないことがらを契機として、自分の知恵や力で「生きている」という日常経験的な地平から、親神の守護によって「生かされて生きている」という根源的な地平へと少しずつ深まっていく。心が次第に澄むにつれて、いままで見失っていた本来的な自己に気づき、生きていることの真の意味が理解できるようになる。心の根源的な地平においてこそ、私たちは教祖のお言葉に込められた深い意味あいを理解することができる。

さらに逸話には、「しかし、楢治郎は、当時七、八才の子供のこととて、気がねもなくあたりを見廻《みま》わしていると、教祖の側《かたわ》らに置いてあった葡萄《ぶどう》が目に付いた。それで、その葡萄をジッと見詰めていると、教祖は、静かにその一房をお手になされて」、次のように言われたという。

よう帰って来なはったなあ。これを上げましょう。世界は、この葡萄のようになあ、皆、丸い心で、つながり合《お》うて行くのやで。この道は、先永《なご》う楽しんで通る道や程に。

教祖はこのように言われ、楢治郎に葡萄を下されたという。このお言葉は子供の楢治郎に対してだけでなく、両親の小三郎夫婦に対しても、この世界の真実を平易に説かれたものである。「よう帰って来なはったなあ」というお言葉を、教祖はおぢばへ帰ってこられた人びとに言われた。公刊されている『逸話篇』の中にも、そのような逸話がいくつかある（註10）。このお言葉は一見、ごく平凡で何でもないような表現であるが、大変含蓄深い言葉である。それは教祖が身上や事情にしるしを見せて、人びとを引き寄せられ、おぢばへ帰ってくるのを待っていてくださるということを含意している。

「この葡萄のようになあ」は喩《たと》え、すなわちメタファー（隠喩）による説き分けである。この道の教えには、「ほこり」とか「水」など、数多くのメタファーによる説き分けがある。それらは、教祖がだれにとっても馴染《なじ》みのある言葉の意味を比喩的に用いながら、その言葉に新たな意味を込めて、この存在世界における生の根源的事実性を分かりやすく説かれたものである。

この逸話における「この葡萄のようになあ」には、「この葡萄が、皆、丸い粒で、つながり合っているように」という含意がある。ちょうど葡萄の一房の中で、葡萄の粒の一つひとつが鈴なりにつながっているように、「世界は、皆、丸い心で、つながり合うて行くのやで」と諭されている。

このお言葉の意味あいについては、ここでは「丸い心で」と「つながり合うて行く」の二つに分けて考えてみたい。まず、「丸い心で」における「丸い」の意味は、『広辞苑』によれば「①円形である。球形である。②かどかどしくない。穏やかである。欠けた所がない。円満である。③角がない。ふっくらしている」と記されている。「丸い心で」のお言葉の意味は、第二の意味でもって理解できる。そのように理解すると、この語はかどかどしくなくて穏やかな心、欠けた所がなくて円満な心で、という意味になる。

ところが、教祖のこのお言葉には、このような日常経験的な意味ばかりではなく、もっと根源的な意味あいが込められているといえよう。それは私たちの心が澄んで、親神の思いに沿った誠真実の心になるということである。「丸い心」には、いわゆる誠真実の心になるということが前提になっている。「丸い心」は、親神のご守護によって「生かされて生きている」という人間存在の生の根源的事実性の自覚に基づいた心のあり方を意味している。「丸い心」は誠真実の心からおのずと自然に表出される、穏やかで円満な心である。「おさしづ」には、「優しい心」とか「長い心」などの言葉が出てくるが、それらも誠真実の心に根ざしている心のあり方を示唆する。そうした心と逆の心のあり方とは、八つの「ほこり」によって表現される自己中心的な心遣いである。

五　人間存在の二重の〈つながり〉

この存在世界は「丸い心で」つながり合っていくと諭されるが、「つながり合うて行くのやで」というお言葉は、ただ単に日常経験的な意味での「つながり」ばかりでなく、より深いレベルでの「つながり」をも意味している。つまり、夫婦、親子、兄弟姉妹がお互いにつながり合っているばかりでなく、世界中の人間は親神を「をや（親）」と仰ぐ一れつ兄弟姉妹であるということを示唆している。生の根源的事実性は存在論的にいえば、私たちが二重の本質的な「つながり」をもって存在しているということである。これが人間存在の存在論的な本質構造である。

親神のご守護の世界において、私たち人間は二重の「つながり」をもっている。親神と私たち人間は「をや（親）と子」の関係においてつながり合っている。これは親神との垂直的な関係構造である。親神は人間世界を創造してくださって以来、夜となく昼となく、絶えず私たち人間世界を守護くださっている。私たちのだれもが、こうした生の根源的真実性を自覚するしないにかかわらず、親神の懐住まいをさせていただいている。「おふでさき」においては、親神は「神」および「月日」という呼称とともに、人間にとって、身近に慕い寄ることができるような親しみやすい呼称「をや（親）」でもって説き分けられている（註11）。

にんけんもこ共かわいであろをがな　それをふもをてしやんしてくれ　十四　34
にち〳〵にをやのしやんとゆうものわ　たすけるもよふばかりをもてる　十四　35
一れつのこどもハかわいばかりなり　とこにへたてわさらになけれど　十五　69

親神は自らを「をや（親）」と呼ばれ、人間の親子の情愛に寄せて、親神は人間の親身の「親」であると説かれている。親というものは子供が可愛いもので、子供の幸せを願って絶えず気にかけているものである。子供の親として、自然のうちに抱くこうした親心に照らして、親神はこの世界における真実の「をや（親）」である親神の、人間に対する深い思い、すなわち、すべての人間を「たすけるもよふばかりをもてる」ことをよく思案してくれるようにと諭されている。親神を「をや」として理解することによって、私たちは理念的な神の実在を、親しみのある具体的な神として受け入れることができる。またそのことによって、私たち人間存在が親神の懐に抱かれている存在であることを自覚的に理解することもできる（註12）。「おさしづ」には、次のように諭されている。

> 親は子思うは一つの理、子は親を思うは理。この理聞き分け。何でもぢば、という理が集まりて道という。（明治二十八年三月十日）

親神・教祖は、子供である私たち人間のことを、親心をもって心配りをしてくださっている。一方、私たちは親神・教祖を「をや」と慕って、おぢばへ帰らせていただく。このように親神と人間の関わりは切っても切れない関係にあるが、こうした「親と子」の関係が人間の親子の情愛と重なり合って教えられるところが、この道における親子に関する教えの特質である。こうした親神と人間の関係について、「おふでさき」では次のように諭されている。

このよふのにんけんハみな神のこや　神のゆう事しかときゝわけ　三 97
このよふを初た神の事ならば　せかい一れつみなわがこなり　四 62
せかいぢう神のたあにハみなわがこ　一れつハみなをやとをもゑよ　四 79
せかいぢうをやのたあにハみなこ共　かわいあまりてなにをゆうやら　十四 52
月日にハせかいぢううハみなわが子　かハいいゝばいこれが一ちよ　十七 16

すでに論じたように親神の立場からみれば、人間は「みな神のこ」「みなわがこ」「みなこ共」である。親神は人間世界を創造され、いまもすべての人間を絶えず守護されている、この世界における真実の「をや（親）」である。とりわけ、親神の特性として、宗教学的にも注目されるのは、親神が父なる働きと母なる働きを統合した、いわゆる「二つ一つ」の守護の理を現わされる「をや（親）」なる神であるということである（註13）。

親神がこの世界における真実の「をや」であるということは、私たち人間存在が本来的にもっている、もう一つ別の存在様態を暗示している。それはすべての人間存在が、お互いに親神を「をや」と仰ぐ兄弟姉妹であるという点である。その点については、「おふでさき」において、

せかいぢういちれつわみなきよたいや　たにんとゆうわさらにないぞや　十三　43

と諭されているところである。「おさしづ」では、

世界中人間は一列兄弟。一列は神の子供や。……神からは子供に難儀さしたい、不自由さしたい、困らしたいと思う事は更に無し。（明治二十年十二月一日　補遺）
一列兄弟皆神の子、よう聞き分け。（明治三十一年八月十一日）

と諭されている。さらに、

世界中皆神の子供。難儀さそう、困らそうという親はあるまい。親あって子がある。この理を聞け。憎い可愛《かわい》の隔て無い。（明治二十年十二月九日　補遺）
人間皆神の子供、この理よう聞き分け。いんねん事情諭し、同じ神の子供可愛《かわ》い子供、いんねん事情聞き分け。それよりたんのうという。（明治二十二年十一月二十日）

と教示されている。つまり、すべての人間は「同じ神の子供可愛い子供」であって、「神からは子供に難儀さしたい、不自由さしたい、困らしたいと思う事は更に無し」なのである。このように、親神は世界中の人間を陽気ぐらしへ導くために、絶えず守護してくださっているのである。

　私たち人間は、お互いに親神を「をや」として一れつ兄弟姉妹としてつながり合っている。これは「つながり」の水平的な関係構造である。私たち人間がお互いに一れつ兄弟姉妹としてつながり合っているということは、本来的に、私たちが互い立て合いたすけ合う存在であるということを暗示している。「救ける理が救かる」と教えられるように、人をたすけさせていただくところに、自らがたすかっていく。つまり、人をたすけさせていただいていること自体が、自分がたすけられている、親神からご守護をいただいているということなのである。

　教祖は「この道は、先永う楽しんで通る道や程に」というお言葉を述べられている。ここで、教祖が言われる「先永う」とは、ただ単に「長いあいだ」というような意味でなく、この道の信仰が親から子へ、また子から孫へと、末代までも伝わっていくという意味あいである。「楽しんで通る道」というお言葉によって、心を澄ませ、何を見ても聞いても嬉しい楽しいという陽気ぐらしの日々を生きるように、と諭されている。「おふでさき」において、

心さいすきやかすんだ事ならば　どんな事てもたのしみばかり　十四　50

と教えてくださっているところである。つまり、この道は心を澄ませて「丸い心」になり、親神にもたれて、末代まで心勇んで陽気づくめで通らせていただく道であると言えよう。私たちは、身上のさわりや事情のもつれをとおして心の成人をさせていただく。その中に、いわば「生きている場」の見えない二重性を自覚することができる。「生きている場」の見えない二重性とは、私たちの日常生活の場が自分の知恵や力でもって「生きている場」ではなく、親神の守護によって「生かされて生きている場」であるということである。その二重性を自覚するということは、それまでの自分の心のあり方を反省して心を澄ませ、真実の世界へと自らの心のあり方を深めていくことを意味している。こうした点は「おふでさき」において、次のように明確に諭されている。

せかいぢうをふくくらするそのうちわ　一れつハみなもやのごとくや　六　14

にち〳〵にすむしわかりしむねのうち　せゑぢんしたいみへてくるぞや　六　15

先に挙げた逸話「皆丸い心で」は、天理教のコスモロジーを平易に教示している。教祖のお言葉に込められているこの世界の真実とは、この世界が親神の守護の世界であるということ、また私たちが皆、親神の守護によって「生かされて生きている」ということである。つまり、私たちはすべて、親神の思いに沿った「丸い心」で、お互いがつながり合っているのである。こうした世界の真実、生の根源的事実性へと私たちの心が拓《ひら》かれていくとき、私たちは親神の守護によって「生かされて生きている」ことの有り難さを自覚し、陽気ぐらし世界の実現へ向けて本来的な生を生きることができる。

六　「不思議が神である」

教祖の逸話の一つに、次のような逸話もある。あるとき、何人かの人びとが「天理王命の姿は有るや、と尋ねられますが、如何答へてよろしうございませうか」と教祖に伺った。そうすると教祖は、

在るといへばある、ないといへばない。ねがふこゝろの誠から、見えるりやくが神の姿やで。（註14）

とお聞かせくださったという。人びとはなるほどと感じ入り、喜び合ったという。親神の理を端的に示された含蓄深い表現である。

周知のごとく、これまで西洋哲学の伝統では、神の存在をめぐってさまざまな論証の努力が行われてきた。確かに親神の存在は「在るといへばある」と言えるし、一方、「ないといへばない」と言うこともできる。しかし今日、哲学思想史において行われてきた神の存在証明は、すべて論理的に誤りであることが指摘されている。こうした指摘も示すように、親神の理は理性的あるいは論理的な理解を超えている。「おさしづ」においては、

多くの中不思議やなあ、不思議やなあと言うは、何処《どこ》から見ても不思議が神である。

（明治三十七年四月三日）

と諭されている。私たちの誠真実の心によって、実際に見せていただく「不思議」こそが「神

の姿」なのである。この存在世界は「神のからだ」である。私たちは親神の守護の理が満ち溢れている天理の世界において、親神から身の内を貸していただいて生かされて生きている。親神は私たち個々の身の内に入り込んで、夜となく昼となく絶えず十全の守護をくださっている。この存在世界はまさに親神の十全の守護の理の世界なのである。親神の思召に沿って、お互いに立て合いたすけ合って、人間存在の本来的な真実の生き方、すなわち、陽気ぐらしを生きる。そこに私たちは親神の不思議なたすけをご守護いただける。お道の信仰において、親神の不思議なたすけとは、ただ単に表面的な苦しみや悩みを取り除くというものではない。「みかぐらうた」において、「やまひのねをきらふ（病いの根を切ろう）」（二下り目8）とか「むほんのねえをきらふ（謀叛の根を切ろう）」（二下り目6）といわれるように、それは存在の根源からの救済なのである。

　人間存在がもっている二重の本質的な「つながり」、垂直的および水平的な関係構造は、親神の守護の理の世界において「元の理」に根ざした「二つ一つ」という天理教独自の論理によって貫かれている。根源的啓示の言葉をとおして、人間存在の存在論的な本質構造、あるいは生の根源的事実性を捉えなおす。そのとき、私たちの心は生の表層的・現象的な地平から深層的・本質的な地平へと次第に深まる。それに伴い私たちは、いまここで「生きている」ことの真の意味を生の根源の地平に位置づけながら、心底から自覚することができるようになるであろう。最後（だめ）の教えが説く「元の理」はまさに、すべての人間にとって必須の根源知である。それは人間存在の真実の生き方である陽気ぐらしの根本を明らかにしている「たすけの理話」なのである。

第四章　親神の呼称に込められた意味

天理教の神観を論じる場合、天理教の原典、とりわけ啓示書「おふでさき」において、親神すなわち説話者の名称が「神」「月日」「をや」として三種類に表現されていることは、大変注目すべき点である。この点については、中山正善二代真柱様がその著書『「神」「月日」及び「をや」について』において、いち早く次のように指摘された。すなわち、「おふでさき」において、啓示の主体者たる親神は「最初『神』で説き始められてゐるのが、中途より『月日』となり、末尾に及んで『をや』とも用ひられてゐる」(註1)。二代真柱様は「おふでさき」における「神」「月日」「をや」という三種の呼称に関する文献学的な教学研究をとおして、こうした三種の呼称を使って教理が説かれているのは、「求道者の信仰の進展につれて、解し得られる様に漸次深い味《あじわ》ひのこもつた文字を用ひ出されたと解するのである」と結論づけられている(註2)。つまり、「神」「月日」「をや」という呼称は、私たちが親神の存在のあり方をより深く理解しやすいようにとの親心から、私たち人間の信仰的な成熟に応じて、順次使い分けられているのである。

「おふでさき」において、親神を表現する語として、「神」「月日」「をや」の三つの語が使われているのは、それら三つの語が、親神が自らの存在のあり方を説き分けるうえで、最も適切なものであったからであると考えられる。この点を理解するためには、「神」「月日」あるいは「をや」という語がそれぞれ内包している意味とその拡がりについて検討する必要がある。そこで本章では、この道の神観の中でも、特に「神」「月日」「をや」の呼称に焦点を当てながら、それら三つの呼称による説き分けの中に込められた意味あいを探究したい。

一　生活世界の根本構造—神・世界・人間—

「神」「月日」「をや」という語がもっている意味とその拡がりを理解するためには、文化的に構造化された私たちの生活世界、あるいは私たちが生きている日常的な場（トポス）について検討しなければならない。文化の伝統的形態は、それぞれに個性的な「風土」的特性をもっているが、どのような文化的に構造化された生活世界も、他のすべての生活世界と共通する根本的な構造あるいは構成要素をもっている。

生活世界あるいは場（トポス）は、宗教学的あるいは人間学的な視点から捉えるとき、少なくとも次の三つの根本的な構成要素から成っていると考えることができるであろう。すなわち、それらは私たちの生活において、生と不可分に関わっている宗教的あるいは超越的なもの、私たちの生活空間を成している自然環境あるいは世界、さらに文化的かつ社会的存在としての人間存在である。これら三つの構成要素、すなわち、神・世界・人間というモチーフは複合的・有機的に重なり合って、私たちの生活空間の根本構造を構成していると考えられる。

宗教的あるいは超越的なものに対する私たちの関わり（コミットメント）は、特に宗教学的な立場からしばしば指摘されているように、人間存在にとって本質的で不可欠なモチーフである。それは一言でいえば、私たちの生活世界の根底にあるもの、文化の基層をなすものである。たとえば、わが国における具体的な現象としては、それが特に宗教として意識されることのない、いわば生活慣習として行われている庶民信仰をはじめ、さまざまな宗教現象が存在している。宗教的あるいは超越的なものとの関わりにおいて、人生におけるさまざまな悩みや苦しみが癒《いや》され、あるいは、生そのものに対する意味が与えられることになる。

また、私たち人間は言うまでもなく、自然環境あるいは世界との関わりの中で生きている。

自然環境あるいは世界は決して単なる抽象的な空間ではない。それはさまざまな意味において、私たちの生を規定しているが、それと同時に、私たちはそのうえにさまざまな生活様式、慣習、秩序などの文化の諸相を構築している生活世界でもある。さらに私たちは、親子あるいは夫婦の関係を基盤として共同の生を構成している。私たち人間はまさに、文化的あるいは社会的な存在なのである。

このように、私たち人間存在の生活世界におけるこれら三つの構成要素との連関において、親神の三種の呼称、すなわち「神」「月日」「をや」を捉えなおすとき、「神」「月日」「をや」の語が示している意味とその拡がりが、神・世界・人間という生活世界における三つの根本的な構成要素に対応していることが明らかになる。親神の三つの呼称は、私たちの生活世界において、最も重要なモチーフを象徴的に示している。

「神」とは、さまざまな宗教において、信仰の担い手が信仰対象として関わってきた超越的なものを表現する代表的な語であるが、親神は神々との対比において、自らの真実在性を言説される。また「月日」とは、自然環境あるいは世界という脈絡において、私たちの生にとって不可欠な月と太陽を示している。このイメージでもって「月日」の語は、親神の真実在性を言説するために使われる。さらに「をや」の語は、人間存在における親子関係に引きつけて、まさに人間存在の「をや」としての親神の実在性を理解させるために用いられる。このように「神」「月日」「をや」という親神の三呼称は、確かに語それ自体としては、社会慣習的あるいは日常言語的レベルにおいて広く受け入れられている。

また、それぞれの語には、それぞれ特有の日常的な意味が込められている。けれども、「おふでさき」をはじめ、天理教の原典においては、それらの語のもっている日常的な意味に重ね合わせたかたちで、新たな意味が付与されて、語のもっている元々の日常的な意味がずらされている。そうすることによって、親神の真実在性が言説されている。つまり、「神」「月日」「をや」という親神の三呼称は、まさしく天理教の教義における独自な語になっている。

二　根源的な「神」としての親神

親神の実在性は、まず一般的によく知られている「神」の語によって説かれる。つまり、親神と人間の関係は、まず「神と人間」というコンテクスト（脈絡）において言説される。「神」の語を用いることによって、伝統的な幅広い神信仰を踏まえながら、親神の実在性を明らかにされる。「おふでさき」においては、次のように記されている。

一やしきをなじくらしているうちに　神もほとけもあるとをもへよ　五　5

いまゝでハいかなる神も山〳〵に　をがみきとふとゆうたなれども　六　26

一般的に「神」や「ほとけ」に対する庶民的信仰は、教祖ご在世当時においても、幅広く行われていた。そうした庶民的信仰は、いわゆる「をがみきとふ（拝み祈禱）」によってご利益を願うというものであった。教祖のお話の内容を、信者たちが聞き覚えによって書き記したものは「こふき話」と呼ばれているが、その写本の一つである和歌体十四年本（山澤本）によれば、従来の神仏に対する信仰は、「にんげんのをんのほふしば（人間の恩の報じ場）」である（註3）。また、十六年本によれば、

このよ《此世》ふの神や仏とゆう《云》ておかま《拝》していたれとも、みな《皆》人間か《が》、紙《かみ》やかね《金》や木をもつてこしら《拵》ゑたものばかりなる（註4）

このたひ《此度》まて《迄》わこ《此》たすけ、おしゑる《教》こと《事》でけす《出来ず》、ゆゑ《故》に、これまて《迄》せかしゆう《世界中》に、おかみ《拝》

　きとふや《祈禱》、ゑきはんだん《易判断》、いしやくすり《医者薬》、これわみな《皆》人間のしゆうりこゑ《修理肥》におしゑ《教》ある
　こと《事》となり。(註5)

と記されている。つまり、伝統的な神仏は「人間のしゆうりこゑ（修理肥）」として教えられてきたものである。また、さまざまな伝統的な神仏は、いわゆる神仏による「見立て」によって、十の神名によって説き分けられる親神の守護の理でもって説明されている(註6)。「こふき話」に出てくる神仏は当時、一般庶民のあいだで親しまれた信仰対象である。それらの神仏の中には、今日もなお人びとの信仰を集めているものもあるが、すでに忘れ去られたものもある。神仏による「見立て」は親神の守護の世界を、当時の人びとが理解しやすいように説かれたものであるが、それによって親神が神仏の「根」（根源）であることが説明されるのである。原典によれば、親神は「神」である。「神」であるとはいっても、親神は伝統的に信じられてきた神仏のような「をかみきとふ（拝み祈禱）」の信仰対象ではなく、この存在世界における根源的実在たる「神」であることが諭されている。

　原典においては、親神が伝統的な神仏と違って、根源的実在たる「神」であることを明らかにするために、親神を表現する「神」の語の前には、親神の本質的特徴を示す形容辞が付けら

れている。たとえば、「おふでさき」においては、「このよ初た神」（五号39）、「このよふをはじめた神」（一号43、三号68・118）、「このよふを初た神」（四号62・116、十二号40）、「このよふのにんけんはじめもとの神」（三号15）、「このよふのしんぢつの神」（六号50）、「しんぢつの神」（三号85、四号35、五号49）、あるいは「もとこしらゑた神」（三号18）というように、親神が表現されている。また、「みかぐらうた」では、親神は次のように歌われている。

こゝまでしん〳〵したけれど　もとのかみとハしらなんだ　三下り目　9
このたびあらはれた　じつのかみにはさうゐない　三下り目　10

さらに「おさしづ」においては、「元の神」（明治二十二年九月二十三日）、「真実の神」（明治二十年陰暦七月）、「元人間拵《こしら》えた神」（明治三十六年頃　補遺）、「元無い人間を拵えた神一条」（明治二十一年一月八日）といった表現がみられる。また「こふき話」写本においては、たとえば「もとなるかみ」（山澤本1）、「にんげんはじめもとの神」（同144）、「にんげんをこしらへた神」（手元本、『こふきの研究』八五頁）、「□のよふのもとの神」（桝井本、『こふきの研究』一一六頁）、「人間をこしらゑた神」（同一三二頁）という表現がみられる。

これらの形容辞をとおして、親神は人間世界を創造した神、すなわち、神仏の本質をなしている根源的な「神」であることが明示されている。つまり、人間世界を創造したという意味において、親神はあらゆる生命あるものの根源であり、また同時に、人間世界を絶えず守護している真実の神であるという意味においても、あらゆる生命あるものの根源である。つまり、「神」の語に修飾語を付与して自らの存在を言説することによって、親神は自らがあらゆる生命の根源であることを示されているのである。

三　「月日」の語に込められた意味

次に親神は、自らを「月日」と表現されている。「おふでさき」において、「月日」の文字が現われてくるようになるのは第六号からである。特に第六号の29〜51および80〜85では、「月日」を説話者として「元初まりの話」の要点が説かれている。その話の要点は「こふき話」写本の内容と一致しており、教祖がいつもお話しになったものである(註7)。もちろん、中山正善二代真柱様も指摘されているように、「おふでさき」の第十二号、第十三号、第十六号および第十七号には、多少「神」も混用されているし、第十四号29から第十五号にかけては、「をや」

と書き換えられてはいるが、「おふでさき」の後半は、主として「月日」の語が用いられていると言うことができる（註8）。「おさしづ」においては、「天理王命と元一つ称するは、天の月日である」（明治二十一年七月三十一日）とも言われている。こうしたところから、この道においては、「月日親神」という表現が常に使われている。

「おふでさき」において、「月日」の語が出てくるのは三百六十五首、三百七十四カ所にわたっているが、それらの中で、親神の天に現われた姿としての「月日」を暗示しているお歌は第十号14である。

これまでも月日をしらんものハない　なれとほんもとしりたものなし　十　14

『おふでさき註釈』によれば、「これまでからも、月日を知らぬ者は無いが、これが天に現れた親神の姿であり、この親神が万物を創造し守護しているのだ、という事を知った者は無い」という意味である（註9）。「月日」といえば、それは一般的には天空における月と太陽を指す語であり、私たちすべての者は、その恵みを受けているというのが私たち人間世界における生活の姿である。「神」を「月日」と言い換えることによって、私たち人間世界の「ほんもと（本元)」、すなわち生の根源的事実性が明らかにされている。「月日」の語が使われている理由の一つとしては、たとえ親神が人間世界を創造した「元の神」「実の神」であることを、いろいろな形容辞でもって説かれたとしても、伝統的に「神」の語の中に込められてきた庶民信仰的な意味あるいはイマージュを、そう簡単に取り除くことができず、親神の根源的実在性をとかく庶民的信仰レベルに引き戻して把捉しがちであるためであろう。つまり、「月日」という表現によって、親神の根源的実在性が理念的に理解されるばかりではなく、すべての存在に対して恵みを与えられる親神の隔てない守護の理が把捉されることになる。

「こふき話」においては、「月日」は天体の日月星辰が親神の十全の守護のあり方を示す十の神名に当てて説明される、いわゆる「天体見立て」の中で説明されている。たとえば、十六年本(桝井本)には、「月日」について次のように記されている。

月日、てん《天》にあらわれ《現》て、てらす《照》わ、りよ《両》にん《人》のめ《目》なり。め《目》わあく《開》ゆゑ《故》にせかい《世界》ちゆう《中》あき《明》らかなり。(註10)

天において月日と現われておられるのは、月日親神の体内の眼のようなものであると諭される。このことは、この世界が「神のからだ」であり、私たちが月日親神の懐住まいをしていることを示している。「月日」はそれぞれ分けて表現され、「月」は、くにとこたちのみこと、「日」は、をもたりのみことを示している。たとえば、和歌体十四年本（山澤本）によれば、

121、この《此》よ《世》ふもにんげん《人間》なるもでけ《出来》たのハ　月日さま《様》よりごしゆご《御守護》ふなり

122、この《此》もと《元》をしり《知》たるものハさら《更》になし　てん《天》ハ月さま《様》ちい《地》ハひいさま《日様》や

123、この《此》せかい《世界》てんち《天地》じつげつ《日月》をなじ《同》事　ちい《地》とてん《天》とハじつ《実》のをや《親》なり（註11）

ただし、この「こふき話」写本の内容は「月さま」と「日さま」の二神を示しているのではない。くにとこたちのみことは、天においては月であり、人間身の内においては眼潤い、世界では水という親神の守護の理を示している。また、をもたりのみことは、天においては日であり、人間身の内においては温み、世界では火という親神の守護の理を示している。月と太陽それ自体が親神なのではなく、それらは天における親神の守護の現われにほかならない（註12）。つまり、「月日」を二元論的に捉えてはならないのである。この語によって、それまで「神と人間」として表現されていた親神と人間の関係は、「天上の月日と地上の人間」との対比におい

て述べられることになる。

私たちの生活感覚からいえば、太陽の光と熱はすべての生命あるものにとって生育の源であるし、月の光も生命あるものにとって不可欠なものである。「月日」の守護から離れて、私たちは生きることができない。人間存在ばかりでなく動物や草木などの生あるものすべても、「月日」の守護のおかげで成育成人することができる。月も太陽も、すべてのものを何の分け隔てもなく照らしだし、夜となく昼となく絶えず、すべての存在に対して恵みを与えているからである。このような天における「月日」のあり方に寄せて、親神はこの世界が「神のからだ」であり、私たち人間が親神の懐住まいをしているという生の根源的事実性を、私たちが生活感覚レベルで理解できるように配慮されていると考えることができる。

「おふでさき」において、親神を表わすのに「月日」の語が使われるのは、第六号9のお歌がはじめてであり、そのお歌から第十四号の初めにわたって、大体において「月日」が用いられている。第六号では「元初まりの話」が纏《まと》まって記されているが、そのために「月日」の語が使われたものとみられる。「月日」の前に形容辞が付与されている個所は、「神」の場合とは違ってわずか三カ所にすぎず、しかも第六号の「月日」を用いられた最初の部分に限られている。すなわち、

このよふの月日の心しんぢつを　しりたるものわさらにあるまい　六 9
それをみてをもいついた八しんぢつの　月日の心ばかりなるぞや　六 35
しんぢづの月日りいふくさんねんわ　よいなる事でないとをもゑよ　六 71

このように「このよふの月日」が一カ所、「しんぢつの月日」あるいは「しんちづの月日」が一カ所ずつみられる。「このよふの月日」とは、この人間世界を創造した「元の神」「実の神」である月日親神のことであり、また、生命あるすべてのものに対する親神の隔てない守護の理をも示唆している。「しんぢつの月日」あるいは「しんちづの月日」という表現は、第六号までに数多く述べられている「しんぢつの神」などの表現との連続性において用いられているとみられる。「月日」の語に込められた意味あいを理解するとき、私たちは火と水、温みと水気などの十全の守護の理によって、親神の懐に抱かれて「生かされて生きている」ことを自覚することができる。

四　「をや」の語とその意味あい

さらに親神の呼称は「月日」から「をや」へと変わる。それは天に仰ぎ見る「月日」、すなわち、天の上から人間世界を支配する神から、「月日」よりも温かみのある、もっと身近に慕い寄ることのできる「をや」へと、親神の根源的実在性の理解が深められることを暗示している。「おふでさき」第十四号29のお歌によって、そのことが示されている。

いまゝで八月日とゆうてといたれど　もふけふからハなまいかゑるで　十四 29

親というものは子供が可愛いもので、子供の幸せを願って、子供のことを絶えず気にかけているものである。こうした思いは、子供の親として自然のうちに抱く感情である。「をや」という語は、まさに私たち人間にとっては、とても親しみやすい呼称なのである。

せかいぢう神のたあにハみなわがこ　一れつハみなをやとをもゑよ　四 79

にんけんもこ共かわいであろをがな　それをふもをてしやんしてくれ　十四 34

にち〳〵にをやのしやんとゆうものわ　たすけるもよふばかりをもてる　十四 35

このように親神は、私たちが抱いている親のイメージと重ね合わせて、親神自らの実在性を表現されている。ここに親神と人間の関係は「親と子」として説かれることになる。親神が「をや」として説かれることによって、理念的な神の実在がより具体的な神として、親しみをもって受け入れられることになる。その意味では、「親と子」の関係にある、親神と人間のあいだには、創造者と被造者、永遠者と有限者との垂直的上下の関係ではなく、温かな人格的呼応関係がみられるのである(註13)。つまり、私たち人間は決して親神から切り離された存在ではなく、親神の懐に抱かれている存在なのである。さらに、人間は親神の懐に抱かれているばかりでなく、その身の内に入り込んで守護されている。親神は、父なる働きと母なる働きを統合した、いわゆる「二つ一つ」の守護の理を現わされている「親」なる神なのである。

「おふでさき」においては、「をや」の語の前に形容辞が付与されて、「をや」に込められた意味が説明されている。すなわち「もとはぢまりのをや」(六号30)、「もとなるをや」(八号73、九号26・30)、「元なるのをや」(九号31)、「しんぢつのをや」(六号102、十四号54)、「しんちつのをや」(七号101、八号46)、「ぢつのをや」(十号54)、「ないにんけんやないせかいはじめかけたるをや」（十六号53）、「このよはじめたをや」（九号61）、「このよふのにんけんはじめをや」（八号78）、「にんけんをはじめかけたるをや」（十六号4）、「にいほんのをや」（十号22）と記されている。これらの表現を整理すると、「元の親」あるいは「人間世界を創造した親」と、「実の親」あるいは「真実の親」の二つに分類される。これらの表現のしかたは、いわゆる「元の神」「実の神」に対応しているが、その中にある「にいほんのをや」（十号22）というのは、注意して読みとらなければならない。

また「おさしづ」においては、たとえば次のようにいわれている。

神の話は見えん先に言うのが神の話や、をやの話や。（明治二十一年八月九日）

これで元の神、元のをやの理に、人間生《うま》れる処《ところ》、人間生れ代々続く。（明治二十二年九月二十三日）

ここに引用した「おさしづ」においても、「神の話」は「をやの話」であり、また「元の神」は「元のをや」であるといわれ、「神」と「をや」とが同定されている。同様に「こふき話」においても、親神は「をやさま（親様）」（山澤本161）と表現され、人間は「親様ノカラダ《身体》ノ中ニス《住》マイシテ」（喜多本、『こふきの研究』一〇〇頁）いると記され、「神」と「をや」とが同定されている。

このように「をや」の語は親神を指し示しているが、さらに「をや」の語には、親神という意味のほかに、教祖という意味と、ぢば・かんろだいという意味も込められていることは注目すべき点である。まず「をや」の語を、教祖との関連で眺めてみると、「おふでさき」においても「おさしづ」においても、「をや」の語の意味は、親神と教祖が一つに重なっている場合がみられる。「おふでさき」では、次のように記されている。

　　にんけんをはじめたしたるこのをやハ　そんめゑでいるこれがまことや　八 37

このように人間を創造した「をや」が、教祖として存命でいると教えられている。また「こふき話」写本（桝井本）において、「もとのおや（元の親）」は教祖のことを指し示している。すなわち、

　もと《元》のおや《親》をうまれ《生》させおきて、そのもの《者》を月日の社《やしろ》として人《入》こみ、たすけおし《教》ゑるも、

ない《無》人間、ないせかい《無世界》をこしら《拵》ゑたも、なん《何》のかたち《形》もなくにこしら《拵》ゑたわ、六ツかしく《い》
ことである。(註14)

つまり、「をや」の語でもって、「天の月日」である親神の理と教祖の理が不可分に一つであることが示されている。それは、教祖が「月日のやしろ」あるいは「地上の月日」であるということからみれば、十分理解することができるであろう。

また「をや」の語に込められた意味を、ぢば・かんろだいとの関連において眺めてみると、「おふでさき」においては、ぢばに据えられているかんろだいこそが「をや」であると記されている(註15)。すなわち、

このたいをどふゆう事にをもうかな　これにいほんのをやであるぞや　十　22

「このたい(台)」とはかんろだいのことである。それは「にんけんをはじめかけたるしよこふ(人間を創めかけたる証拠)」(十七号9)として、人間が宿し込まれた元のぢばに据えられており、人間世界を創造した「をや」の守護の理を形に表わしている。つまり、ぢば・かんろだ

いは「にいほんのをや」であるといわれるのである。「こふき話」（手元本）は、同じ内容を次のように記している。

　こゝ《此処》ハこのよ《此世》のにんげん《人間》の親さと《里》となるゆへ《故》、この《此》じばのしよこふ《証拠》のかゝふだい、この《此》たい《台》をてけ《出来》た事ならバ、これを親さま《様》とをもて《思》ねがい《願》をかけて、にんぢう《人衆》そろふ《揃》てつとめするなら、なに《何》かな《叶》わんとゆう《云》事なし。（註16）

さらに「おさしづ」には、「元のをや」という表現が二カ所出てくるが、そのうちの一カ所において、「元々のぢば」と「元のをや」とが同定されている。すなわち、

　元々のぢば、元のをやが踏ん張って居るから、だん〳〵理が聞こえる。

（明治二十八年一月十四日）

この「おさしづ」は、元のぢばが親神天理王命の神名を授けられたところであることを明示している。つまり、「をや」の語は親神天理王命を意味するばかりでなく、「地上の月日」であ

る教祖と、ぢば・かんろだいをも意味しているのである。したがって、『天理教教典』にも記されているように、まさに「天理王命、教祖、ぢばは、その理一つ」なのである（註17）。

親神は、決して私たち人間存在と掛け離れた遠いところにおられる神なのではない。親神はまさに全人類の「をや（親）」として、子供可愛いという親心でもって、私たち人間存在の本来的なあり方、すなわち陽気ぐらし世界の実現へと導かれる神なのである。

五　生の根源的事実性の自覚へ

「神」→「月日」→「をや」という親神の呼称の変更によって、親神の根源的実在性が説かれるとき、そこには、この存在世界の隅々に至るまで、親神の守護が充ち満ちていることを理解させようとの意図が込められている。まず、「神」によって言説されるのは、この世界にみられるさまざまな神仏が、親神の十全の守護の理をあらわしており、親神が神仏の根源的実在であるということである。次いで「月日」によっては、この世界が親神のからだであり、親神が人間世界の守護者であることが示される。そのことによって、私たち人間は親神の守護によって「生かされて生きている」という生の根源的事実性が明らかになる。さらに「をや」の語によって、親神が私たち人間にとって、根源的に真の「をや」であることが明示されている。ちなみに、「をや」の語には、教祖とぢば・かんろだいという意味も込められており、親神と教祖とぢばが、その理一つであることが示されているのである。

「神」「月日」「をや」という呼称に込められた深い意味あいを認識することによって、この存在世界が親神の十全の守護の理の世界、すなわち「天の理」の世界であることが明らかになる。親神の真実在性に対する認識が深まるにつれて、私たちの心の地平は、生の根源へと次第に拓《ひら》かれていき、心に映る世界が変わっていく。つまり、私たち人間は親神の十全の守護に包まれて生きている、すなわち、「生かされて生きている」という生の根源的事実性を自覚することができるようになっていくのである。

第五章　親神の守護 ―「元の理」とたすけ―

天理教では、「元の理」の話は「元初まりの話」とも呼ばれている。それは教祖によって説かれたもので、人間世界の真理を教示している。人間世界の「元の神」「実の神」である親神は、天保九年（一八三八年）十月二十六日、教祖を「月日のやしろ」として、人間世界の真理を啓示されたが、この「元の理」の話は親神の啓示の根本、すなわち天理教教義の根幹をなしている。

「元の理」の話は、ただ単に親神による人間世界の創造、すなわち人間世界の起源に関する話であるばかりでなく、いまここに生きている私たち人間存在と、この世界の本質的なあり方を教示する話でもある。天理教の神観、人間観、世界観、救済観はすべて、この「元の理」に淵源しているのである。こうした理解に基づいて、本章では「元の理」の話という人間世界創造話に根ざす親神によるたすけの意味構造、すなわち、天理教の救済観を考察することにしたい。

一　「元初まりの話」と親神の守護

「元の理」の話は親神の啓示の根拠と意義、親神による救済の手立てである「かぐらづとめ」の意味あい、および私たち人間存在の本質的なあり方を明らかにしている。この話の内容のかどめは、教祖が自ら筆を執られた「おふでさき」において記されており、また、より詳細な内容は、教祖から直接お話を聞いた直弟子たちの書き記した「こふき話」と呼ばれる手記本によって知られている（註1）。

「こふき話」手記本は明治十四年に記されはじめたが、その年は、ちょうど教祖（八十四歳）の「おふでさき」ご執筆の停《と》まる前年に当たる。「こふき話」は取次人を仕込むところに主眼があったといわれているが、「こふき話」は教祖のお話を取次人が書き綴《つづ》ったものである。その経緯について、高井猶吉という教祖の直弟子は次のように追懐している。

十四五年頃だったと思ふ。教祖様《おやさま》は、良助さんと佐右衛門さんと自分と三人に、こふき話を書いて出せといはれた。良助さんは教祖様のお話の如く和歌態《わかたい》にして出された。仲田さんは話態《はなし》に出された。が何《いず》れも教祖様の思召には添はなかった。

その差出した書き物を下げて頂いたか否かは覚えてない。又教祖様の親しく筆とってお書きになったどろうみこふきはあらへん、第六号や其他《そのほか》に断片《ちぎれちぎれ》的に出てあるやろ。教祖様は、どろうみこふきのお話を、ずっとつゞけてされたのやない。時々仰言《おっしゃ》ったのを取次の者がまとめたのや。（註2）

「こふき話」も「おふでさき」と同様に、教理を伝えるための手段であった。したがって、教祖がそれでよいと言われなかったということでは、「おふでさき」のように、一言一句の中に親神の思召が表わされているというのではないが、教祖のお話の精神に基づいて書かれたものである。「おふでさき」が守護の理の説き分けを部分的に記しているのに対して、「こふき話」は、かなり細部に至るまで記述している。「こふき話」は内容的にみると、「おふでさき」に記されている内容を補充する文書である。

今日、「こふき話」は明治十四年に書き記されたものから、明治十六年のもの、また十七年、十八年、十九年、二十年に記されたものといったぐあいに、中山正善著『こふきの研究』によれば、およそ四十種類の筆写本を数える。本書において使用する文献資料は、説話体十四年本（手元本）、和歌体十四年本（山澤本）、説話体十四年本（喜多本）、それに十六年本（桝井本）の四つの手記本である。これらの手記本は、中山正善著『こふきの研究』の中に収録されている。

年代順に手記本を検討すると、年代が下るにしたがって、「こふき話」の内容が詳細になっている。教祖のお話が、書き記した者によって補充されたということと同時に、書き記した者の信仰的な悟りを含んでいることも想像できるが、少なくとも四つの手記本を比較検討すると、それらの内容がほとんど一致している（註3）。

「おふでさき」には、ただ断片的に親神の守護の理の説き分けが記されているにすぎない。その説き分けの内容を、体系的に細部に至るまで辿ることは不可能である。ところが、「こふき話」手記本によって、教祖自らが「おふでさき」の中には書き残されなかったものの、折にふれ、事に当たって話された話の具体的な内容を知ることができる。したがって、「こふき話」手記本によって、「おふでさき」における親神の守護の理の部分的な説き分けの全体像が明らかになる。

まず、「おふでさき」の中から、親神の守護の理を説いている六つの号のお歌を抜き出してみよう。

このもとハどろうみなかにうをとみと　それひきだしてふう〳〵はちめた　六　32

そのうちにうをとみいとがまちりいる　よくみすませばにんけんのかを　六 34
にんけんをはぢめかけたハうをとみと　これなわしろとたねにはじめて　六 44
いざなぎといざなみいとが一の神　これてしよこの大じんくゝなり　六 52
みすませばなかにどぢよもうをみいも　ほかなるものもみへてあるなり　六 83
このせかい一れつみゑる月日なら　とこの事でもしらぬ事なし　八 51
これまでも月日をしらんものハない　なれとほんもとしりたものなし　十 14
そのうちになかやまうぢとゆうやしき　にんけんはじめどふくみへるで　十一 70
それよりもをふとのべへとゆうのハな　これわりゆけの一のどふくや　十二 144
つきなるハたいしよく天とゆうのハな　これわせかいのはさみなるぞや　十二 145
このものハとこにあるやとをもうなよ　としわ十一二人いるぞや　十二 148
この人ハにんけんはじめかけたると　りうけいゝさいしゆごふどふぐや　十二 149
このをかたどろみづなかをみすまして　うをとみいとをそばいひきよせ　十六 13

これらのお歌は、親神の守護の理という視点からみれば、六つの範疇《はんちゅう》に分けられる。それらは①「うを」と「み」（あるいは「みい」）——六号32・34・44・83、十六号13、②「なわしろ」

と「たね」―六号44、③「りゆけの一のどふく」（あるいは「りうけいゝさいしゆごふどふぐ」）―十二号144・149と「せかいのはさみ」―十二号145、④「月日」―八号51、十号14、⑤「にんけんはじめどふく」―十一号70と「としわ十二二人」―十二号148、そして⑥「てしよこの大じんくゝ」―六号52という六つの範疇である。「うを」と「み」とは泥海での動物のことであり、「なわしろ」と「たね」とは人間身の内での守護の理を表わしている。また、「りゆけの一のどふく」と「せかいのはさみ」とは世界での守護の理のことであるし、「月日」とは天体での守護の理のこと、「にんけんはじめどふく」と「としわ十二二人」とは人衆のことである。さらに「てしよこの大じんくゝ」とは、神仏といった神道・仏教・民間信仰の裏守護による説き分けを指し示している。

　これら六つの範疇に分けられる親神の守護の理は、十の神名との連関において説かれる。「おふでさき」において神名の出てくるお歌は十一首を数える。神名の出てくる十一のお歌を記すことにする。

いざなぎといざなみいとをひきよせて　にんけんはぢめしゆごをしゑた　六　31
このどふくにさづちいと月よみと　これみのうちゑしこみたるなら　六　37

くもよみとかしこねへとをふとのべ　たいしよく天とよせた事なら　六 38
いざなぎといざなみいとが一の神　これてしよこの大じんくゝなり　六 52
このどふぐいざなぎいゝといざなみと　くにさづちいと月よみとなり　十一 71
このやしきにんけんはじめどふぐハな　いざなぎいゝといざなみとなり　十二 142
月よみとくにさづちいとくもよみと　かしこねへとが一のとふぐや　十二 143
それよりもをふとのべへとゆうのハな　これわりゆけの一のどふくや　十二 144
つきなるハたいしよく天とゆうのハな　これわせかいのはさみなるぞや　十二 145
しかときけこのもとなるとゆうのハな　くにとこたちにをもたりさまや　十六 12
このもとハいさなきいゝといざなみの　みのうちよりのほんまんなかや　十七 6

これらのお歌を整理すると、「くにとこたち（さま）」―十六号12、「をもたりさま」―十六号12、「くにさづちい」―六号37、十一号71、十二号143、「月よみ」―六号37、十一号71、十二号143、「くもよみ」―六号38、十二号143、「かしこねへ」―六号38、十二号143、「たいしよく天」―十二号145、「をふとのべ」―六号38あるいは「をふとのべへ」―十二号144、「いざなぎ」―六号31・52「いざなぎいゝ」―十一号71、十二号142あるいは「いさなきいゝ」―十七号6、「いざなみ」―十一号71、十二号142、十七号6あるいは「いざなみい」―六号31、52というぐあいになる。ただし、神名の記載のしかたは、「こふき話」手記本のあいだでも多少異なるので、本章では『天理教教典』の記載のしかたに沿うことにする。

すでによく知られているように、これら十の神名はすべて、人びとが親神の働きを容易に理解できるようにと、守護の理の説き分けに使われているものである。したがって、これらの神名は、ただ単に十の神名の並列ではなく、詰まるところ、人間の元なる親神の理に帰す。先に挙げた六つの範疇による守護の理の説き分けと十の神名との具体的な連関については、次の三つのお歌はその連関の証左である。

いざなぎといざなみいとが一の神　これてしよこの大じんくゝなり　六 52
それよりもをふとのべへとゆうのハな　これわりゆけの一のどふくや　十二 144
つきなるハたいしよく天とゆうのハな　これわせかいのはさみなるぞや　十二 145

たとえば、「たいしよく天（のみこと）」についてみれば、この神名は親神の「せかいのはさみ」、すなわち、切ること一切の守護の理を表わしていることが明示されている。

「こふき話」手記本における守護の理の説き分けをみると、まず説話体十四年本（手元本）は人間身の内と人衆による説き分けを記している。和歌体十四年本（山澤本）は泥海（動物）、人間身の内、世界、人衆、神道・仏教・民間信仰、性それに方位によって守護の理を説明しているし、また、説話体十四年本（喜多本）は泥海（動物）、人間身の内、世界、人衆それに神道・仏教・民間信仰によって説明している。十六年本（桝井本）は泥海（動物）、人間身の内、世界、天体、人衆、神道・仏教・民間信仰、性それに方位によって、親神の守護の理を説き分けている。これらの具体的な説き分けを整理すると、泥海（動物）、人間身の内、世界、天体、人衆、神道・仏教・民間信仰、性それに方位という八つの範疇が明らかになる。これら八つの範疇のうち、性と方位による説き分けは「おふでさき」には記されていない。あえて記されていなくとも、人びとは教祖が折にふれて話された「元初まりの話」において、親神が泥海での動物を引き寄せられる話のモチーフから、性と方位を読みとることができたと思われる。

これら八つの範疇は、守護の理の説き分けにおいて、決して並列関係にあるのではなく、人間身の内と世界という二つの範疇が、それらの説き分けの軸をなしている。親神の守護の理の説き分けは、本質的な説き分けと解説的な説き分けとに分けられるが、それらは有機的連関をもっている。守護の理の本質的な説き分けは「人間身の内」と「世界」という二つのカテゴリーによる説き分けである（註4）。その本質的な説き分けがより理解しやすくなるように、泥海での動物、天体、人衆、神道・仏教・民間信仰というカテゴリーによる解説的な説き分けが記されている。

二　「元初まりの話」と人間世界の創造

「元の理」の話は「陽気ぐらし」という元のいんねん、人間世界の本来的なあり方を明らかにしている。その意味において、「元の理」の話はまさに人類の根源的な存在根拠なのである。「元初まりの話」は、まず冒頭の文章において、親神による人間世界創造の目的が「陽気ぐらし」にあることを説いている。「元初まりの話」によれば、「この世の元初《はじま》りは、どろ海であった。月日親神は、この混沌たる様を味気なく思召し、人間を造り、その陽気ぐらしをするのを見て、ともに楽しもうと思いつかれた」。そこで、人間世界の創造にかかられた。

この冒頭の部分は、次の二つの重要な点を明らかにしている。そのうちの一つは、人間をはじめ、世界のすべてのものが親神によって創造されたということである。そのことは、親神がすべての人間の真実の親であるということ、つまり親神の立場からみれば、世界中の人間はすべて親神の子供であり、人間はお互いに兄弟姉妹であるということを意味している。もう一つの点は、人間世界創造の目的が「陽気ぐらし」にあったということである。このことは人間が親神の守護によって、いまここに生かされて生きている目的が「陽気ぐらし」にあるということ、さらに、これからも人間が親神によって「陽気ぐらし」へと導かれる存在であるということを示している。

月日にわにんけんはじめかけたのわ　よふきゆさんがみたいゆへから　十四　25

さて、「元初まりの話」の具体的な内容について論じることにしよう。月日親神は、人間を創造するための準備段階として、泥海の中から、人間の雛型《ひながた》と道具を集められる。まず、泥海の中にいる「うを」と「み」を引き寄せ、その一すじ心を見澄まして、夫婦の雛型にしようとされる。さらに、親神は人間創造の道具として、乾《いぬい》（北西）の方から、勢の強い「しやち」（男一の道具、骨つっぱりの働き）を引き寄せ、巽《たつみ》（東南）の方から、ふん張りの強い「かめ」（女一の道具、皮つなぎの働き）を引き寄せ、それぞれを「うを」と「み」に仕込んで、男と女の雛型にされる。次に、東の方から「うなぎ」（飲み食い出入りの働き）を、坤《ひつじさる》（南西）の方から「かれい」（息吹き分けの働き）を引き寄せ、また、西の方からは「くろぐつな」（引き出しの働き）を、艮《うしとら》（東北）の方から「ふぐ」（切る働き）を引き寄せられた。

親神は、これらの雛型と道具の理にそれぞれ神名を授けられる。すなわち、いざなぎのみこと、いざなみのみこととは、男雛型・種、女雛型・苗代に授けられた神名である。月よみのみこと、くにさづちのみこととは、男一の道具および骨つっぱりの働き、女一の道具および皮つなぎの働きに付けられた神名である。また、飲み食い出入り、息吹き分け、引き出し、切る働きに、それぞれ、くもよみのみこと、かしこねのみこと、をふとのべのみこと、たいしよく天のみことの神名が授けられた。

以上の話は、親神が人間世界を創造されるための準備段階である。こうした準備段階の後、親神が実際に人間を創造されることになる。親神はまず、泥海の中にいる「どぢよ」を皆食べて、その心根を味わったうえで、それらを人間の「たね」とされる。そして月日親神は、男雛型であるいざなぎのみことの体内と女雛型であるいざなみのみことの体内へ、それぞれ月様と日様として入り込んで、人間創造の守護を教えられる。三日三夜のあいだに、九億九万九千九百九十九人の子数を、いざなみのみことの胎内へ宿し込まれ、いざなみのみことは、その場所に三年三月留まって、七十五日かかって、子数のすべてを産みおろされる。

それから人間は、親神の守護によって、五分ずつ成人しては三度の出直しを繰り返し、また虫、鳥、畜類などと八千八度の生まれ更わりを経て出直し、最後に、めざるが一匹だけ残る。この胎《はら》に宿った人間が、ようやく現在の人間へと成人する。そのあいだ、人間の成人に応じて、海山も天地も世界もできてきたと教えられる。

以上、述べたことがらが「元初まりの話」の主な内容である。この話の内容は表現形式からみれば、何のために、どのようにして人間世界が創造され、人間が成人してきたかという人間世界創造に関する話である。しかし、この話は、ただ単なる創造の説話なのではなく、いまここに生きている私たち人間がいかに親神の守護によって生かされているのかという、親神の守護の理を説いている。つまり、「元の理」の話の形式はコスモゴニー（宇宙創成あるいは人間創造の説話）的であるが、人間世界のたすけへの道を開示するコスモロジー（人間観・世界観）でもある。さらに「元初まりの話」は、親神の子供である人間が、どのように親神によって救済されるのかという「たすけ」への道筋を教示している。「元の理」の話が「たすけの理話」であるといわれる所以《ゆえん》である。

このように、親神の人間世界の「創造」、「守護」および「救い」というモチーフが密接不可分に重なり合っているのが、「元の理」の話の根本的な特徴である。「元の理」の話は人間世界の根源を明らかにするとともに、私たち人間救済のために開示された教えの核なのである。

この話は親神の啓示の根拠と意義を明示している。人間が最初に宿し込まれた場所は、ぢばであると教えられる。ぢばは人間創造の原地点であり、人類共通の故郷、すなわち「おやさと（親里）」である。「元初まりの話」によれば、ぢばにおいて宿し込まれた子数は九億九万九千九百九十九人であったが、この子数の年限が経った時点（天保九年十月二十六日）において、親神は人間創造の母胎としての魂のいんねんがある教祖（中山みき）を「月日のやしろ」として、ぢばにおいて「たすけ」への道をつけられた。ここに、ぢばを救いの原点として、親神による救いの働きが発動することになった。したがって、親神と教祖とぢばは、存在のあり方においては三つであるが、「たすけ」という親神の守護からみれば、一つに収斂《しゅうれん》している。

三　親神の守護—人間身の内と世界—

「元初まりの話」において教示されている天理教のコスモロジー（人間観・世界観）によれば、この存在世界は「神のからだ」であり、親神の守護の理の世界である。私たち人間は、元初まりの時以来、親神の懐に抱かれて、十全の守護によって生かされて生きている。また、親神は人間身の内にも入り込んで、絶えず働いてくださっている。私たち人間の身の内は親神の「かしもの」、すなわち親神からの「かりもの」なのである。こうした天理教のコスモロジーは本質的には、親神の守護が「人間身の内」と「世界」において照応し合っているという教えに基づいている。親神の守護は、次のように十の神名を配して説き分けられている。

くにとこたちのみこと　人間身の内の眼うるおい、世界では水の守護の理。
をもたりのみこと　人間身の内のぬくみ、世界では火の守護の理。
くにさづちのみこと　人間身の内の女一の道具、皮つなぎ、世界では万つなぎの守護の理。
月よみのみこと　人間身の内の男一の道具、骨つっぱり、世界では万つっぱりの守護の理。
くもよみのみこと　人間身の内の飲み食い出入り、世界では水気《すいき》上げ下げの守護の理。
かしこねのみこと　人間身の内の息吹き分け、世界では風の守護の理。
たいしよく天のみこと　出産の時、親と子の胎縁を切り、出直しの時、息を引きとる世話、

　　　　世界では切ること一切の守護の理。

をふとのべのみこと　出産の時、親の胎内から子を引き出す世話、世界では引き出し一切の守護の理。

いざなぎのみこと　男雛型・種の理。

いざなみのみこと　女雛型・苗代の理。

人間身の内と世界における親神の守護の理に関する説き分けは、「眼うるおい」と「水」、「ぬくみ」と「火」、あるいは「息吹き分け」と「風」などというように、言語表現こそ異なっているが、それらの言語表現によって示される親神の守護のあり方それ自体は、本質的に同じものである。天理教の教えでは、「二つ一つが天の理」といわれるが、それは相対する二つのものが二つでありながら、そのまま一つであるという存在の関係構造を示している。この「二つ一つ」という存在の関係構造の視点からみれば、「元初まりの話」においては、たとえば、親神が「月様」と「日様」としてお現われになっているし、また「水」と「火」(「眼うるおい」と「ぬくみ」)などの対照的な働きが、それぞれ五つの対をなしており、それらがすべて、それぞれ独自の特質を保ちながらも、相補的に一つの完全性へと統一され、親神の十全の守護の理

をなしている。「おふでさき」には、

このよふのぢいと天とハぢつのをや　それよりでけたにんけんである　十 54

と記されており、「みかぐらうた」においては、

このよのぢいとてんとをかたどりて　ふうふをこしらへきたるでな
これハこのよのはじめだし　第二節

と教えられている。すなわち「月様」と「日様」、「地」と「天」、「水」と「火」などによって明らかにされているのは、相対する二つの守護が一つに溶け合うことをとおして、人間世界が創造されたという存在世界の真理である。また、そのことは同時に、現在もなお、人間存在と存在世界のレベルはもとより、夫婦を基本とする人間関係のレベルにおいても、人間世界が、いわゆる「二つ一つ」の守護によって成り立っている真理を明示している(註5)。

四　「たすけ」と心の入れ替え

親神によるたすけが与えられるためには、救済論的な地平に立てば、私たち自らの「心の入れ替え」が不可欠である。心の入れ替えとは、それまでの心の規準を入れ替え、すでに述べた親神の守護に目覚め、親神の思召に基づいたものになることを意味する。人間はとかく親神の守護を理解できず、親神の思いに沿わない自己中心的な心を使いがちである。そうした心の使い方は「ほこり」と教えられるが、その心を「人をたすける心」へと大きく入れ替える。心の「ほこり」を払い、心を澄ますとき、私たちの心は入れ替わる。そのとき、親神は真実誠の心を受け取ってくださる。

「おふでさき」には、次のように諭されている。

一れつにあしきとゆうてないけれど　一寸のほこりがついたゆへなり　一 53
ほこりさいすきやかはろた事ならば　あとハめづらしたすけするぞや　三 98
月日にハせかいぢうゝハみなわが子　たすけたいとの心ばかりで　八 4

親神の思いに沿わない「ほこり」の心遣いを反省して、心を入れ替えることによって、親神は「めづらしたすけ」を与えられる。親神は世界中の人間を「たすけたいとの心ばかり」なのである。つまり、私たちが人間思案の心から神一条の心へと、心を大きく転換することが、親神によるたすけの重要な基盤となる。

「元の理」の話の中では、人間の住む生活環境あるいは自然環境は、私たち人間の成人に応じて、次第に親神の守護によって形成されてきた。また、人間は九億九万年のあいだは水中に住み、六千年間は知恵の仕込みを受け、三千九百九十九年のあいだは文字の仕込みを受けたことが説かれている。人間の成人に応じて、世界が形成されてきたという点は、「元初まりの話」の内容の特質の一つである。そうした意味では、この話は人間創造の説話であるとともに、生命（いのち）の歩みの説話でもある。

こうした話のモチーフは、環境破壊などの現代世界が抱えている深刻な諸問題を捉えなおすうえでも大変示唆的である。天理教の教えに照らしてみれば、現代世界が直面している諸問題は、現代人が親神の思召に沿わない心遣いをしている姿を映し出していると捉えることができる。天理教では、「世界は鏡」と教えられるが、自分自身や身の周りをはじめ、世界のさまざまなことがらに、私たちの心が映し出されている。「おさしづ」には、人間というものは、身はかりもの、心一つが我がのもの。たった一つの心より、どんな理も日々出る。

（明治二十二年二月十四日）

と記されているが、私たちは世界のさまざまなことがらを見て、親神の思召に沿わない「ほこり」の心遣い、すなわち人間中心主義的あるいは自己中心的な心遣いを反省して、心の成人に努めるとともに、親神によって仕込まれた人類の知恵をもって、さまざまな課題に取り組んでいくところに、道を拓《ひら》いていくことができるであろう。そのためにも、いまここに生きる私たち現代人は、存在世界の真理、すなわち親神の十全の守護の理を自覚的に理解することを迫られていると言えるであろう。このように、生の根源的意味を自覚するとき、親神による根源的救済への道が次第に拓かれていく。

五　「たすけ」の方途

すべての生命の源である親神は、救済論的に「たすけ」の親である。最後（だめ）の教えにおいて「たすけ」とは、「元の神」「実の神」である親神が人間世界を創造された目的、すなわち陽気ぐらし世界の実現を意味する。「おふでさき」において、

月日にハせかいぢうゝハみなわが子　たすけたいとの心ばかりで　八 4

と記されているように、親神にとって、私たち人間はすべて「みなわが子」であり、親神は「たすけたいとの心ばかり」である。親神の「たすけ」とは、人間世界を「陽気ぐらし」世界へと立て替えることである。それは、ただ単に表面的な苦難を取り除くばかりでなく、人間世界を創造し、昔も今も人間世界を守護している親神の深い親心によって展開される、まさに存在の根源からの救済である。「おさしづ」には、次のように諭されている。

救けたいが理、又救けにゃならんが理。元の理を聞き分け運ばにゃならんというは、日々の惣々《そうぞう》の理。
（明治三十二年十月三日）

親神は私たち人間を「救けたい」「救けにゃならん」と急き込まれている。私たちが親神の

「たすけ」にあずかるには、教えの根本をなるほどと自覚し、その自覚した教えを日々の生活に織り込むことが大切である。また「おふでさき」には、次のように記されている。

いまゝでにないたすけをばするからハ　もとをしらさん事にをいてわ　九 29

「いまゝでにないたすけ」、すなわち人間存在の根源からの不思議な「たすけ」が与えられるためには、私たちは、この存在世界の「もと（元）」、この世界が親神の守護の理の世界であるという生の根源的事実性を自覚的に理解することが肝心である。このように、生の根源的な意味を自覚することによって、親神による根源的救済への道が拓かれる。「元の理」の話を踏まえて、親神による存在の根源からの救済の方途として教えられているのは、「つとめ」と「さづけ」である。

「つとめ」は「かぐらづとめ」と「てをどり」に分かれる。「かぐらづとめ」は元の理に開示される親神の人間創造という不思議な守護の理を再現するもので、「よろづたすけ」（すべての事柄に対する救済）の道として教えられている。私たちは「元の理」の話によって、「かぐらづとめ」の重要性、さらには親神の十全の守護の理を人間世界創造という始源に遡《さかのぼ》って理解することができる。「元の理」の話は、まさに「たすけ」の理話なのである。「かぐらづとめ」は人間創造の地点であるぢばを囲んで、元初まりにおける親神の働きを手ぶりに表わして勤めることによって、その働きを今に頂き、この世を「陽気ぐらし」の世界へと立て替えていくことを祈願するものである。この人間の願いに対して、親神は、人間の再創造とでも言える大いなる不思議な力によって、人間救済の神秘的な働きを示される。

「かぐらづとめ」に込められた深い意味あいは、「おふでさき」に次のように記されている。

このよふをはじめかけたもをなぢ事　めづらし事をしてみせるでな　六　7

このよふをはじめてからにないつとめ　またはじめかけたしかをさめる　六　8

「つとめ」の勤修《ごんしゅう》によって、親神は人間世界の創造という珍しい働きを、人類救済の働きとして現わし出される。教祖がつとめの勤修による根源的救済の道を教示されたこと、さらに二十五年の寿命を縮めてまでも、つとめの勤修を急き込まれたことは、この道の信仰において銘記すべき点である。

このつとめなにの事やとをもている　せかいをさめてたすけばかりを　四 93

とのよふなむつかしくなるやまいでも　つとめ一ぢよてみなたすかるで　十 20

また「みかぐらうた」では、次のように教えられる。

ようこそつとめについてきた　これがたすけのもとだてや　六下り目 4

「つとめ」によって、身上のさわりや事情のもつれがたすかるばかりでなく、この存在世界が神人和楽の陽気ぐらし世界へと立て替わっていく。「つとめ」に込められた意味は、「かぐらづとめ」「かんろだいづとめ」「よふきづとめ」「たすけづとめ」という四つの呼称によって分かりやすく説かれる。すなわち、「かぐらづとめ」と呼ばれるのは、親神の人間世界創造の理をかたどって、かぐら面を使用して勤められるからである。人間宿し込みのぢば・かんろだいを中心に勤められるので、「かんろだいづとめ」とも呼ばれる。また、十人のつとめ人衆が親神の思召さながらの陽気づくめをあらわし、陽気ぐらし世界の実現を願うえから、「よふきづとめ」と呼称され、さらに「よろづたすけ」のために勤修されることから、「たすけづとめ」とも呼ばれる。この「かぐらづとめ」の理を受けて、国々所々の教会においても、「つとめ」が勤められる。

ところで、教会本部の月次祭では、「てをどり」のつとめは「かぐらづとめ」に引き続いて勤修される。それは、人間が親神の思いに沿って、心のほこりを払って成人していく過程を手ぶりに表わして勤めるものである。

「よろづたすけ」の道としての「つとめ」に対して、「さづけ」は「身上たすけ」の道として教えられる。教祖はご在世当時、人びとの心の真実を見定めて、さづけを渡されていた。そして明治二十年陰暦正月二十六日、現身をかくされた後も、いっそう多くの人びとにさづけが渡された。「さづけ」は身の患いに苦しみ悩む人びとをたすけさせていただくために渡される。親神の守護の理を取り次いで、他の人びとをたすけていくことによって、実は自らもたすけられていく（註6）。

わかるよふむねのうちよりしやんせよ　人たすけたらわがみたすかる　　三　47

「救ける理が救かる」とも諭されるように、人をたすけさせていただいていることが、自らたすけられている姿である。親神の救済論的構造において、親神の守護をいただくための基盤として教示されたのが「つとめ」であり、「さづけ」は身上に苦しむ人をたすけることによって、「つとめ」をはじめとする世界たすけに参画する人材、すなわち教祖の道具衆を引き寄せ育てるという意味あいをもつ。その「たすけ」は、神人和楽の「陽気ぐらし」のあり方を体現する「つとめ」の勤修によって実現されていく。たすけ一条の道として、「つとめ」と「さづけ」が教えられているが、よろづたすけの道としての「つとめ」と、身上たすけの道としての「さづけ」は、まさに救済論的に密接不可分の関係にある。

第三部　生の根源的意味とその理解

第六章　「かしもの・かりもの」の教理とその理解

すでに第一章において考察したように、私たちは合理主義に基づく近代科学の知見が最も優先される文化の中で生きている。そのために、ものごとを実証的に捉える、いわゆる〈近代の知〉の世界に知らず識らずのうちにどっぷりと浸かっている。〈近代の知〉は形式的で合理的な論理的整合性を重視するあまり、存在の非合理的な側面を排除している。私たちの目は〈近代の知〉というメガネをとおして、ものごとを見ることに馴《な》れてしまっている。合理主義的な近代科学に根ざした〈ものの見方〉は今日、私たちのいわば常識になっている。そうした思い込みも、私たちの生の根源的なあり方、すなわち親神の守護の世界を見えにくくしてきた一因であろう。

私たち現代人が自らの本来的なあり方を見失っている生き方は、「おふでさき」において次のように諭されている。

このよふハにぎハしくらしいるけれど　もとをしりたるものハないので　三　92
にんけんの心とゆうハあざのふて　みへたる事をばかりゆうなり　三　115

私たち人間の心は「あざない」（あさはか）といわれる。そのために、「みへたる事」（実際に目に見えて現われることがら）ばかりを求めて暮らしていると諭される。一見したところ、ものに恵まれた「にぎハしくらし」（賑わし暮らし）は、幸せな生活のようにみえる。ところが、そうした生活は人間の「もと」（本来的なあり方）を知らない生き方なのである。ものの豊かさを求めるあまり、私たちが見失っているのは、元気に生きていることの有り難さ、すなわち、生命の神秘に対する自覚である。自分自身の力で動かそうとしなくとも、心臓は絶えず動いているし、体温はうまく調節されている。身体のこのような微妙な機能は、私たち人間の力で動かせるものではない。このような生命の神秘は、ふだん元気なときには当たり前のように思ってしまい、ほとんど気にも留めないが、それはただ自覚できないだけである。こうした生命科学的な事実は、生命の源たる親神の限りない守護によって支えられている。

本章では、「元の理」の話において示される人間観と、その特質について考察したい。とりわけ、「かしもの・かりもの」の教理によって教示される人間存在の生の本質的なあり方を明らかにし、私たち現代人の真の生き方を探究したい。

一　「生かされて生きている」という地平へ

生の根源的事実性は「あざない」心の鏡には「ほこり」が積もっているために、ぼんやりとしか映らない。心が曇っていると、心に映る世界も当然、曇るからである。ありのままの自分自身あるいは世界が見えるようになるためには、いままでかけていた常識あるいは〈近代の知〉のメガネをはずし、自分自身の澄んだ目（心）を取り戻さなければならない。澄んだ目を取り戻すための糸口になるのは、人生において、常識あるいは合理的思考によっては、とうてい対処することができなくなって、行き詰まったときである。こうしたことは、その軽重において違いはあるものの、だれもが経験していることである。それはある人の場合は、重い病気（身上のさわり）であったり、また別の人の場合には、生活のうえに現われる深刻な悩みや苦しみ（事情のもつれ）であったりする。

お道の信仰において、「身上事情は道の花」といわれるのは、こうした点を表現したものである。自分にとって好ましくないことがらもすべて、私たちをたすけたいという親神の手引きなのである。世に言う、いわゆる「病気」も決して病気なのではない。また、悩みごとや苦しみも決して単なる悩みや苦しみなのではない。いわゆる「身上事情」をとおして、私たちの心は自分の知恵や力で「生きている」という心の地平から、親神の守護によって「生かされて生きている」という心の地平へと深まっていく。自らの身体が決して自分のものなのではなく、親神からの「かりもの」であるということが自覚される。私たち人間存在はもちろんのこと、生あるものすべてが、生命の源である親神の十全の守護の世界が心に映るのである。「かしもの・かりもの」の教理は、「元の理」の話において説かれる親神の十全の守護の理が分かれば、その教理の意味あいもおのずと分かるようになる。

それでは、教祖が教示された親神の十全の守護の世界とは、どのようなものなのであろうか。「元の理」の話は『天理教教典』の第三章におさめられているが、それは「元初まりの話」として、親神による人間創造のプロセスを示すコスモゴニー（宇宙創成あるいは人間創造の説話）の言説形式で説かれている。しかし、それはただ単に人間存在がどのようにして創造されたかを示すだけではなく、私たち人間存在が現にいま、どのように存在しているのかを示す天理教独自のコスモロジー（人間観・世界観）をも示している。

前章においてすでに論じたように、親神の守護の理の説き分けは、本質的な説き分けと解説的な説き分けとに分けられるが、それらは有機的連関をもつ記述になっている（註1）。ご守護の理の本質的な説き分けとは、「人間身の内」と「世界」という二つのカテゴリーによる説き分けである。その本質的な説き分けがより理解しやすくなるように、泥海での動物、天体、人衆、神道・仏教・民間信仰というカテゴリーによる解説的な説き分けが記されている。「元の理」のコスモロジーの根本構造は、「人間身の内」と「世界」というカテゴリーによる、親神の守護の理の説き分けにおいて示される。守護の理は、十の神名との連関において説かれている。

「元の理」の話に基づいた、こうした親神の守護の理の説き分けは、たとえば、眼うるおい（身の内）と水（世界）、あるいは、ぬくみ（身の内）と火（世界）というぐあいに、言語表現こそ異なるものの、それらの語の意味する原理それ自体は同じものである。このことは、人間身の内と世界が、いわゆる「二つ一つ」の関係において、本質的につながり合っていることを明示している。こうした「元の理」に照らして、私たちの生のあり方を根本的に捉えなおすと、私たち人間存在が親神の根源的な十全の守護の理によって「生かされて生きている」ということが明らかになる。親神は、私たち個々人の身の内に入り込んで、夜となく昼となく、絶えず十全の守護をくださっているのである（註2）。

こうした生の根源的事実性を認識することによってはじめて、私たちは自らの生の真の意味をいっそう深く明らかに自覚できるようになる。私たちが親神の十全の守護によって「生かされて生きている」という生の根源的事実性については、原典において、次のように記されている。

にんけんハみな／＼神のかしものや　神のぢうよふこれをしらんか　三　126

人間というは、身の内神のかしもの・かりもの、心一つ我が理。（明治二十二年六月一日）

人間というものは、身はかりもの、心一つが我がのもの。たった一つの心より、どんな理も日々出る。どんな理も受け取る中に、自由《じうよ》自在《じざい》という理を聞き分け。（明治二十二年二月十四日）

私たちの身の内は親神から貸していただいている。人間存在の側からいえば、身の内は親神からの「かりもの」であり、親神の側からいえば「かしもの」である。ただ、心の使い方だけは、個人の自由を許されている。私たちが親神の十全の守護の世界に生きているという「元の理」のコスモロジーを端的に述べているお歌としては、次のお歌がある。

たん／＼となに事にてもこのよふわ　神のからだやしやんしてみよ　三40・135

また、このお歌の内容について、「こふき話」十六年本（桝井本）は次のように記している。

このよ《此世》ふわ月日りよ《両》人のからだ《身体》なり。天ちき《地抱》あわせ《合》のせかい《世界》。人間わ、月日ほところ《懐》にすまい《住居》してい《居》るものなり。それゆゑ《故》に、人間のすることに、月日のしらん《知》こと《事》わなし。人間わみな《皆》神の子なり。み《身》のうち《内》わ神のかしものなるゆゑ《故》に、たにん《他人》とゆう《云》わさら《更》になし。みな《皆》きよだい《兄弟》なり。（註3）

この世界は「神のからだ」なのである。「神のからだ」であるこの存在世界は、親神の守護に充ち満ちている。この世界に生きている私たちは、親神の懐に抱かれて限りない恵みを受けている。私たちは親神の「ほところ（懐）にす（住）まい」しているのである。温みや水気をはじめ、親神の十全の守護の恵みを身に受けているからこそ、私たちは日々、元気に生を営むことができる。したがって、親神の十全の守護を欠いた私たちの生はありえない。生あるものすべては、その守護の恵みを隔てなく受けている。生あるものすべての生命は、親神の守護の世界において、お互いにつながり合っている。とりわけ、私たち人間存在は、お互いに親神を「をや（親）」と仰ぐ「きょうだい（兄弟姉妹）」として。

二　「かしもの・かりもの」の教理とその理解

「元の理」に基づいた「かしもの・かりもの」の教理をより深く理解するために、まず、教祖から直接お話を聞かれた増井りん―という先人が話した教話の一部を少し引用したい。

皆様もだんだんとお聞きになりました通り、地と天とは神様の御身の内でございまして、お互いに私どもは神様の御身の内に住居《すまい》していて、日夜神様の御自由をいただいているのであります。五体は神様よりの借物、すれば自分で勝手に使えるものではございません。腹の底からよく考えてごらん。眼では見せていただく、口で話は出来る、物は食べられる、ああ結構やなあ、ほんにこの自由自在の御守護は、えらいものやなあと、御恩を深く考えねばなりませぬ。それをどうかすると、世の中の人は、我が眼で見ると思い、我が口で物を言うと思うから大した間違い。みな神様よりの借物であります。それを我が物やと思うから、無理もすれば間違いも起こすのであります。我が心一つの間違いは、やがて家中の間違い、やがてその理が廻って不自由災難にあう事になる。ここにお集まりの方々は日々におたすけにお運び下さる方でございます。よもやさような事はございますまいが、広い世の中には、この結構な借物を知らずして、無理間違いをなし、日々不足案じで通ってござる方が、たんとございまする。（註4）

この道の信仰の根本は、すでに考察したように、私たちの身体が親神からの「かりもの」であることの自覚にある。「元の理」に根ざす「かしもの・かりもの」の教理が、なるほどと心底から理解できるとき、私たちが親神の守護の世界に生きていることが分かり、現代における真の生き方がおのずと分かるようになる。

私たち人間存在、および、この環境世界の深みには、それらを根拠づけている「天の理」の世界が厳然と拡がっている。こうした存在認識に立って、「生きている」ことの意味を「元の理」に照らして根本的に問いかえすとき、私たちの身体が親神からの「かりもの」であることが自覚できるし、また〈互い立て合いたすけ合って生きる〉という、私たち人間存在の本来的なあり方、すなわち「陽気ぐらし」の意味も体解することができるようになる。

増井りんという先人はソコヒのために両眼を失明したが、不思議な守護をいただいた方である。増井りんは両眼を失明した際、人伝てに大和におられる教祖のことを聞いて、自分の代理をおぢばへ遣わした。その代理人は一つの書き物を、おぢばから持ち帰ってきた。増井りんの述懐によれば、

> 幾太郎［筆者注・当時十二歳の長男］がそれを受け取って判読いたしますると、そこには、身の内の理、貸物借物の御教理、八つのほこり、その他の御教理が細々と認《したた》められ、三日三夜のお願いをなさる時は、必ずこの御教理を胸に納めてからなさるようにと添え書きしてありました。（註5）

その書き物には、おぢばで取次の方が認められた教理、すなわち「身の内の理、貸物借物の御教理、八つのほこり、その他の御教理」が書かれていた。増井りんという先人によれば、「私

は、幾太郎の読みあげるのを静かに聞いていましたが、その時初めて成程と合点がゆき、たすけてくれ、たすけてくれ、だけでは御守護のなかったこともはっきり分かりました」(註6)。いわゆる「かしもの・かりもの」の理を自覚されたのである。その後、三日三夜のお願いをされたところ、三日目の夜明けがきたとき、「不思議や戸のすきから、キラッと外の光が流れ込んでいるのが見える」(註7)ようになった。嬉しい嬉しいと子供たちと抱き合って嬉し涙にくれたと増井りんは述懐している。これは増井親子が親神の守護によって「生かされて生きている」ことを実感した瞬間であった。それは、親神にもたれて通るという生き方を心に決めた瞬間でもあった(註8)。

また次章で詳しく取り上げるが、高安大教会初代会長の松村吉太郎という先人の逸話に少し言及しよう。松村吉太郎という先人は生死の境を彷徨《さまよ》っている中に、「かしもの・かりもの」の理を悟り、身上の鮮やかなご守護をいただいた。その後、八十六歳で出直すまで、この道のうえに尽くされた。明治二十六年の秋、当時二十六歳であった松村は、もう「今日か明日か知れない命」であった。ある日、教祖の直弟子の一人、桝井伊三郎が見舞いに来て、次のような話をしたという。

松村さん。心がたおれたら身がたおれる。心が死ねば身上も死ぬ。心が生きたら身上は生きるのや。身上は神様からの借物や、何も案じることいらん……（註9）

この話を聞いた途端、松村は「かしもの・かりもの」の教理に込められた深い意味、生の本質的なあり方を悟った。松村の述懐によれば、「その短かい言葉が、ピーンと胸にひびいた」という。また、そのときばかりは「そうだ、たしかにそうだ！」と思えたともいう。「かしもの・かりもの」の教理は、この道の信仰者のだれにとってもそうであるように、松村にとっても何度も繰り返し聞いた教えであった。ところが、このときだけは心底から「かしもの・かりもの」の教理に込められた深い意味を自覚することができたのである。ここに挙げた逸話はほんの一例にすぎないが、お道の信仰のポイントを如実に示している。「おさしづ」にも、

めん／＼かりもの承知。かりもの分かっても、かりものの理自由《じうよう》分からねば何もならん。

（明治二十年十月十二日）

と諭されているように、「かしもの・かりもの」の教理はお道の信仰者のだれもがよく承知して

いるが、ただ知っているだけでは何もならない。最も肝心なのは、この教理に込められた「かりものの理」、すなわち、親神の自由自在の守護の理を心底から自覚することなのである。

三　「理をかんじる（感じる）」

先人の教話は「かしもの・かりもの」の教理について、次のように説いている。

> 身上かしもの、かりもの、心一ツがわがの理。これ、をしへのだいでございまする。ゆゑに、この理をきゝわけ、ほんになる程、かりものにちがひないと、理をかんじるが、かんようでございます。この理をかんじねば、なんにもわからん。（註10）

「かしもの・かりもの」の教理は「元の理」の話に根ざした「をしへのだい（教えの台）」、すなわち教理の根本である。私たちの身体は「ほんになる程、かりものにちがひない」とこの教理を聞き分けることによって、「理をかんじる（感じる）」ことが肝要なのである。ここで諭されている「理をかんじる」とは、教理の単なる論理的あるいは知的な理解ではない。それは論理的あるいは知的な理解を超えて、人間存在の生の本質、すなわち親神の守護に包まれて「生かされて生きている」という生の根源的事実性を心底から自覚することである。「理をかんじる」とき、この教えが、なるほどと心に治まることになる。

かりもの、はなしは、たやすいことなれど、にち〳〵の行ひが、はなしどほりの、おこなひでなくては、心に、理がわかりたとはいへん。そこで、きいたはなしは、心のうちで、いくへもかみわけをしてみて、かうと、それ、心にをさめねばならうまい。(註11)

「かしもの・かりもの」の教理に込められた深い意味を「心のうちで、いくへ（幾重）もかみわけ（噛み分け）をして」、しっかりと「心にをさめる（治める）」。心に理が分かれば、「にち〳〵の行ひが、はなしどほり（話通り）」になる。つまり「かしもの・かりもの」の理を聞き分け、その理を感じて、親神とその守護の理を心にしっかりと治める。そうするところに、親神にもたれて生きるという人間存在の本来的な生き方ができるようになり、親神もまた十全の守護の理でもって働いてくださるのである。

私たちの生の根源的事実性とは、私たちが自分の知恵や力で「生きている」のではなく、生命の源たる親神の十全の守護によって「生かされて生きている」ということである。こうした生の根源的な事実性の自覚的認識に基づいて、はじめて親神にもたれて生きる、すなわち、祈りつつ生きる、という人間存在の本来的で真の生き方ができることになる。また、教祖が「よろづたすけ」の道として教えられた「つとめ」の深奥な意味あいも、心底から理解できることになる。

この道の信仰によれば、私たち人間は親神より「心の自由」を許されている。ある意味では、私たちがたとえどのような心遣いをしようが、それは各人それぞれの自由である。自由には違いないが、どのような場合でも、心を親神の心に沿って使わせていただくことが肝要である。私たちが「かしもの・かりもの」の理を感じることをとおして、親神の心に沿って使わせていただけば、親神の守護を受けながら、お互いに陽気ぐらしの境地を味わうことができる。

ところが、私たちは知的には理解していたとしても、つい親神の心に反する自己中心的な心を使いがちである。親神の心に沿わない心のあり方（心得違い）は「ほこり」（埃）にたとえて教えられる。「ほこり」の語は、私たちもふだん日々の生活の中で使っていて、その語の意味内容を熟知している。そうした語の日常的意味の深みに、新たな意味を込めることによって、教祖は私たち人間の心得違いのあり方を説かれた。したがって「ほこり」の語は、私たちの自己中心的な心遣いを暗示する比喩になっている。たとえば、「おふでさき」には次のように記されている。

一れつにあしきとゆうてないけれど　一寸のほこりがついたゆへなり　一　53

私たち人間の心は本来、清浄で澄んでいる。「あしき」（悪）は私たち人間の本性には内在していない。一見「あしき」が心に内在しているようにみえるものも、それは本来清浄な心に、ただちょっと「ほこり」が付いているだけである。したがって、この道の教えには、キリスト教のいわゆる原罪のような罪悪の考え方はない。私たち自身、日ごろの経験からよく知っていることであるが、「ほこり」は早めに掃除さえすれば、簡単にきれいに払えるが、油断をすると知らず識らずのうちに積もりやすいものである。それと同じように、私たちは日ごろ、とかく自己中心的な心遣いをして、知らず識らずのうちに心に「ほこり」を積んでいる。ところが、そのことにほとんど気づいてはいない。「ほこり」の心遣いが積もり重なると、それが本来澄んでいる心を曇らしてしまい、私たちが親神の守護によって「生かされて生きている」ことも分からなくなってしまう。「ほこり」について、「おさしづ」は次のように諭している。

日々八つ〳〵のほこりを諭して居る。八つ諭すだけでは襖《ふすま》に描いた絵のようなもの。何遍見ても美し描いたるなあと言うだけではならん。めん〳〵聞き分けて、心に理を治めにゃならん。

（明治三十二年七月二十三日）

「ほこり」の心遣いを反省するよすがとして、をしい、ほしい、にくい、かわい、うらみ、はらだち、よく、こうまんの八種が挙げられる。「をしい」（惜しい）と「ほしい」（欲しい）という心遣いは、物にたいする執着に根ざしている。「にくい」（憎い）、「かわい」（可愛い〈偏愛心〉）、「うらみ」（恨み）、「はらだち」（腹立ち）は、人間関係における自分中心的な感情を表わしている。「よく」（欲）は必要以上に欲深い心のことであり、最後に「こうまん」（高慢）は、人間だれしも自分ではそうとは気がつかないうちに、最も積みやすい「ほこり」であるといわれる。

ここに引用した「おさしづ」のお言葉も教示しているように、八つの「ほこり」の教理を言葉で説明できるだけでは、「襖に描いた絵のようなもの」にすぎない。その教理が意味するところを、よく心に治めることこそが肝心なのである。「ほこり」の心遣いが積もり重なると、親神はいろいろな身上（病い）や事情にしるしを見せられる。身上にしろ事情にしろ、それらすべてには、私たち人間を「陽気ぐらし」へ導きたいという親神の深い親心が込められている。それらはまさしく親神の「てびき（手引き）」なのである。親神は私たち人間に対して、心の「ほこり」を掃除することを促されている。心の「ほこり」を払うことによって、心を入れ替えることを促されているのである。「おふでさき」には、次のように記されている。

せかいぢうむねのうちよりこのそふぢ　神がほふけやしかとみでいよ　三　52

親神が「ほふけ（箒）」となって、絶えず自らの心の「ほこり」を「そふぢ（掃除）」してくださる。「みかぐらうた」には、

みづとかみとはおなじこと　こゝろのよごれをあらひきる　五下り目　3

とも記されている。私たちは親神の守護をいただくことによって、はじめて自らの心の「よごれをあらひきる（汚れを洗いきる）」ことができるようになる。自らの心の「ほこり」を払っ

て心を入れ替えるとき、心は清水のように澄んで、親神の思い、親神の守護の理を心底から自覚的に理解できるようになる。「おふでさき」において、

　これからハ心しいかりいれかへて　神にもたれてよふきつとめを　十三 10

と記されているように、心をしっかりと入れ替えて、親神にもたれて「つとめ」を勤めるとき、親神による根源からの救済、すなわち「めづらしたすけ」がもたらされるのである。

四　親神の思召に沿った生き方

この道の信仰では「神一条」が強調されるが、原典によれば、それには二つの方向性がある。一つは「親神に向かってひとすじに」という方向性であり、もう一つは「親神からひとすじに」という方向性である（註12）。

ただ現在、教内では「神一条」という場合、ほとんどが「親神に向かってひとすじに」通るという前者の意味で用いられている。それは親神のご守護によって「生かされて生きている」

ことの喜びから、親神にもたれて通るあり方を意味する。それはライフスタイルのうえで、日常生活とかけ離れた特別な生き方を示唆するものではなく、日々の生活の中で、たとえどのような職業や立場にあったとしても、いつも親神の守護に感謝しつゝ親神の思いに沿った心のあり方である。そうした心に基づく生き方は、すべて「神一条」としての生き方である。

教祖は、この道の信者に対して「里の仙人」になるようにと言われた、と伝えられている。これは大変含蓄深いお言葉である。「里」と「仙人」という二語が結びつくこの言葉の深い意味を、日常言語レベルで理解することは難しいであろう。仙人は人里離れた山奥に住み、不老不死の道術を獲得したと伝えられる老賢人を意味する。仙人は「里」、すなわち俗世間から隔絶した山中において、厳しい苦行に耐えて超人的な力を身につけ、理想とされた不老不死を体得することができたと伝承される。このように一般的にイメージされる仙人は、まさに「山の仙人」を含意する。ここでいう「山」とは、煩わしい人里を離れて、それと没交渉である静寂な場所を示唆する。仙人のライフスタイルは「出家」と呼ばれる生き方である。それは仏教やヒンドゥー教などの宗教に伝統的にみられるもので、悟りを得ようとする者が自らの我執を去るために、家族や財産などをすべて捨離し、超世俗的な生活に入ることである。俗世間との関係を意識的に断つことによって、世俗的な欲望を遠ざけ、静寂な環境の中で、ただひたすら難行苦行に専心して清浄な生活を送ることに、「仙人」的な生き方の特徴がある。

ところが、この道の信仰において「里の仙人」という場合、同じ「仙人」の語であっても、その語の前に「里の」という限定語が置かれることによって、「仙人」の語の意味は、一般的に知られている意味とは違ったものとなる。「里」は「山」と違って、世俗社会そのものを意味する。世俗の世界に住んでいると、とかく人間関係においても、いろいろと煩わしいことも多い。またいろいろな面で、つい世情に流されることも多々ある。その点、俗界を離れて仙境に住んでいると、さまざまな煩わしさに邪魔されることなく、仙人のように自己修養に比較的たやすく専心することができる。仏教などの宗教において、伝統的に続いてきた「出家」という生き方の宗教的意義は、こうした点にある。

しかし、「里の仙人」の言葉が暗示しているように、この道の信仰では、世俗にあっても世俗に堕すことなく、「かしもの・かりもの」の理を心に治めて「山の仙人」のような澄んだ心でもって、親神のご守護に感謝しつつ親神にもたれて陽気づくめに暮らす生き方が肝心であると諭される。

この道の教えは「かなの教え」ともいわれる。それは人里離れた場所で、「山の仙人」のように特別な修行を経て、はじめて理解できる教えではなく、私たちがそれぞれ日々の具体的な生活場面において、味わい生かすことのできる教えである。「里」、すなわち世俗社会の中で生活しながらも、この道の信仰者たるものは決して世塵にまみれることなく、「仙人」のように澄んだ心、神一条の心でもって日々を生きる。そこに、いつも晴れやかな喜びに包まれた生活を送ることができるようになる。宗教学的に言えば、俗なる空間に生きながらも、聖なる空間に生きることが肝心なのである。

「元初まりの話」によれば、私たち人間の「たね（種）」すなわち原材料は「どぢよ（泥鰌）」であったと教えられる。その泥鰌の特性を「里の仙人」的な生き方と重ね合わせると、大変示唆に富んでいる。それは泥鰌がいつも泥の中に住んでいながら、泥を少しも身に付けることなく、また土を食べることなく生きているからである。「里の仙人」の語は、世俗に日ごろ住んでいながらも、世俗的なものの見方に流されてしまうことなく、ひたすら親神にもたれて、神一条に生きる生き方を暗示している。この語はまさに、この道の信仰の本質を端的に言い表わしている（註13）。

私たち人間が本来的にもつ二重の「つながり」という視座から、人間存在の生の本質構造を捉えるとき、すでに第三章において論じたように、私たち人間の生は、親神と「をや（親）」と子」という垂直的な関係構造の中で捉えられる。こうした生の本質構造に注目するとき、「神一条」という人間の生き方は、人間存在の垂直レベルにおける本来的なあり方を示す。
また同時に、私たち人間がお互いに親神を「をや」として、一れつ兄弟姉妹としてつながり合っているという「つながり」の水平的な関係構造に注目するとき、親神の思いに沿った生の本来的なあり方は、「たすけ一条」という生き方である。それは人をたすける心、すなわち誠真実の心でもって、何からでも自分にできることを実践することである。原典には、次のように諭されている。

このさきハせかいぢううハ一れつに　よろづたがいにたすけするなら　十二　93
月日にもその心をばうけとりて　どんなたすけもするとをもゑよ　十二　94

精神の理によって働かそう。精神一つの理によって、一人万人《にんまんにん》に向かう。神は心に乗りて働く。心さえしっかりすれば、神が自由自在《じようじざい》に心に乗りて働く程に。
（明治三十一年十月二日）

親神は、私たち人間の「をや」として、すべての人間が互いに立て合いたすけ合う姿を望んでおられる。人をたすける心こそが本来的に、親神の思召に沿った誠の心である。「たすけ一条」という生き方は、私たち人間存在にとって、生の水平レベルにおける「つながり」の本来的なあり方を示す。

私たち人間存在が本来的にもつ二重の「つながり」の中で、こうした「神一条」と「たすけ一条」という生き方は、まさに二つ一つの関係にある。私たちが「かしもの・かりもの」の理を聞き分け、その理を感じて、親神とその守護の理を心にしっかりと治めるところに、神一条の心で親神にもたれるという本来的なあり方を生きることができる。また同時に、互いに立て合いたすけ合うという人間存在の本来的な生き方も可能になるのである。

五　「出直し」に込められた意味

この道の信仰では、一般的に死といわれているものは「出直し」と教えられる。それは、生命の源たる親神からの「かりもの（借物）」である身体を親神に返すことを意味する。しかし、いわゆる「出直し」によって、私たちの存在が全くの無に帰してしまうというのではない。身体は返しても、私たちの主体、すなわち、たましい（魂）は生き通しである、と教えられるからである。たましいは生き通しであるから、また新たな身体を借りて、この世界に生まれ更わってくる。「出直し」とは、この道の生命観の一端を暗示する語である。

今日、私たちは日ごろ、死をあまり意識することなく生きている。それは一つには、私たちが生まれ育ってきた現代社会のものの見方が、死を視野に入れない近代合理主義によって支えられてきたためであろう。ところが、死は生命科学の観点からみれば、すべての生命体にとって生の一部分であって、避けようのないものとして組み込まれている。

現代ドイツの哲学者ハイデガー（Martin Heidegger）は主著『存在と時間』（*Sein und Zeit*, 1927）において、人間存在を「死へ臨む存在」（Sein zum Tode）として表現した。私たちの生の本来的なあり方には、もともと死が含まれている。ところがハイデガーによれば、非本来的でしかない「現存在」（Dasein）としての人間は、日常的――頽落《たいらく》的な契機によって、とかく自己の死の可能性を隠蔽《いんぺい》し、死へ臨む存在から逃避して日常性の中で自己喪失している。私たち人間存在の生のあり方を根本的に理解するためには、私たちは自分が引き受けるほかにない死をも射程に入れて、生の意味を捉えなおさなければならない（註14）。

古来、世界には多種多様な死生観がみられる。たとえば、古代中国の神仙思想によれば、死の存在は否定される。それは霊山深くに入って、不老長寿の霊薬を得ることによって、永遠に不死になることができる、と信じられているからである。キリスト教の信仰では死後、人間は永遠の生命を与えられて、天国へ赴くことが説かれている。

また、仏教やヒンドゥー教など、インドの宗教は人間の生死流転、すなわち輪廻転生を説く。また大乗仏教では死後、往生する世界、すなわち極楽浄土の思想もみられる。こうした伝統的宗教の死生観に対して、天理教の生命観は私たち現代人に生きることの真の意味、あるいは死のもつ深遠な意味を明らかにしている。

私たち人間存在がこの世に生まれ、また日々、元気に生活することができるのは、生命の源である親神の十全の守護のおかげであるが、私たちの定命《じょうみょう》は「おふでさき」には、次のように教えてくださっている。

このたすけ百十五才ぢよみよと　さだめつけたい神の一ぢよ　三 100

私たちの心が澄みきって、親神の思召に沿った心になったとき、私たちは「百十五才ぢよみよ（百十五歳定命）」になると教えられる。また心次第によっては、いつまでも生きることができる、とも教えられる。ところが私たちは、つい親神の思いに沿わない心の使い方をし、無意識のうちに心の「ほこり」を積んでしまう。そのために、私たちはたいてい定命までに出直すことになる。

教祖は「出直し」とは古い着物を脱いで、新しい着物と着替えるようなものである、と教えられた。「おさしづ」では、次のように諭されている。

古着脱ぎ捨てて新たまるだけ。

（明治二十六年六月十二日）

私たちは着ている衣服が古くなって、穴があいたり破れたりすると、新しい衣服と取り替える。それと同様に、身体を使い古すと、新しい身体にしなければならない。親神から借りたものは、どこまでいっても自分のものではない。私たちの身体は「かりもの」であるから、年月が経てば、親神に返さなければならない。返したあと、しばらく私たちのたましいは親神の懐に抱かれているが、ふたたび新しい身体を借りて、この世界に出直して生まれ更わってくる。「おさしづ」において、

人間というは一代と思うたら違う。生まれ更わりあるで。

（明治三十九年三月二十八日）

と教えてくださっているところである。

天理教の生命観の視点から、いわゆる死を捉えなおすと、死は確かに生命の終焉ではあるものの、それはある区切られた生命の終わりにすぎないということが明らかである。したがって、今生における生は、前生における生の積み重ねがあってはじめて存在するものである。また今生での生き方が、来生での生を形成していくことにもなる。

ところで、生まれ更わるとはいっても、決して同じ人物として生まれてくるのではない。「おさしづ」に、「親が子となり、子が親となり」（明治二十一年四月十六日）と記されているように、親が子となり、子が親となって生まれ更わってくる。このように天理教の生命観をみると、それは一見したところ、人間存在が生と再生の循環を繰り返すということを説いている点では、インドの宗教にみられる輪廻転生の思想とよく似ている（註15）。しかし、この道の生命観の特質は、インドの輪廻思想において説かれるように、私たちがただ単に生と再生のサイクルを反復するというのではなく、生まれ更わり出更わりしながら、いわば螺旋《らせん》状の上昇的円環運動のように、親神の守護によって「陽気ぐらし」世界の実現へといざなわれていくという点にある。

この点は「元初まりの話」においても象徴的に表現されている。つまり、人間は五分から生まれ、五分五分と成人するうちに、何度も出直し、さらには八千八度の生まれ更わりを経て今日の人間に成人した、と教えられる。

また、この道の教理には、この世界のほかに天国、極楽浄土、あるいは地獄などの別の世界は存在しない。存在するのは、この世界だけである。この点も天理教の信仰の特質の一つである。

このように天理教の信仰においては、「出直し」とは新たな生への、いわば旅立ちなのである。こうした「出直し」を重ねながら、私たち人間存在は、親神の十全の守護のもと、「陽気ぐらし」という人間存在の究極的目標、生の完成へ向かって、この世界における生を生きていく。

第七章　生の意味と原典理解

いまここに生きているということは、ふつう自明のことのように思えるが、必ずしもそうではない。当たり前のように思える生を、ただ当たり前としておくことなく、自分自身の心を澄ませて、生きることの意味を生の深みから捉えなおす。そうすると、たとえ同じ事柄を見たり聞いたりしても、私たちの心のあり方によって、それは違った意味をもつ。

臨床心理学者の河合隼雄氏は、現代社会において、大人も子供も「心の病い」になる危険性が高くなっていると指摘している。しかし同時に、人間というものは不思議なもので、心の病いがそれまでの自分の生き方を振り返り、生き方を改変していくきっかけとなって、それが「新しいものを創造する原動力」になると論じている（註1）。このことは、心の病いによってかえって、それまで当たり前と思っていた生の意味をその深みから捉えなおす契機が与えられることを示唆している。心の病いは本人ばかりでなく、家族や周りの人にも意味のある変化をもたらすことが多いようだ。

今日、生きることの意味を考えるとき、たとえば、臨床心理学における無意識の研究も示唆しているように、私たちは心の深みを射程に入れて捉えなおす必要がある。ここでは天理教のコスモロジー（人間観・世界観）に照らして、生きることの意味を、日常的あるいは表層的な生活世界だけに限定しないで、深層的な生活世界も射程に入れて考察したい。本章では、まず現代の人文諸科学の研究成果を踏まえながら、人間存在の生の事実性とその意味をめぐって、天理教人間学の意味論的パースペクティヴ（視座）を提示し、そのうえで原典理解のあり方を考察したい。

一　生の事実性の探究

私たち人間は現象学の立場からみれば、二重の生活世界に生きる存在である。ここでいう「生活世界」（Lebenswelt）という術語は、後期フッサール（Edmund Husserl）の現象学における重要な概念の一つである。フッサールによれば、それは科学的な世界理解に先立って、あらかじめ自明のものとして直接与えられている世界、生き生きと直観的に経験される世界を意味する。

ところが、この生活世界は近代科学の方法的操作によって二重に理念化され、そのために次第に隠蔽《いんぺい》され忘却されている。つまり、生活世界は、一方では科学的な世界理解の意味基底として、それに明証性の普遍的な「地盤」を与える機能を果たす。それと同時に、他方では「自然的態度」によって出合われる反省以前の世界として、超越論的分析に「手引き」を与える機能も果たしている(註2)。その概念は日常的自明性を強調していることから、一般的に「生活世界」と訳される。ただ場合によっては、その問題意識がディルタイ(Wilhelm Dilthey)によって代表される「生の哲学」(Lebensphilosophie)と類似していることから、その語は「生の世界」と訳されることもある。

生の意味を探究することをとおして、私たちの心の地平が日常的あるいは表層的な生活世界から、深層的な生活世界へと深まっていく。それにつれて、生活世界全体が次第に拓《ひら》けていき、天理教のコスモロジーによれば、この世界は親神の守護の世界であることが理解できるようになる。日常的な生活世界では、私たちはとかく物事の表面的な事柄、生の日常的事実性に心を奪われて、自分の知恵や力で生きているように思っている。そのために、自らの生の深層的な意味、すなわち、親神の守護によって生かされて生きているという生の根源的事実性を見失っているきらいがある。生の日常的事実性から、その根源的事実性へ向けて私たちの視座が深まっていくと、生きていることの深層的な意味、すなわち、親神の守護に包まれて生きていることが次第に理解できることになる。

私がここで意図する天理教人間学の意味論的研究は、私たちが親神の十全の守護によって生かされて生きているという生の根源的事実性を踏まえて、原典の言葉とその意味構造を探究しようとする。その意味で、天理教人間学の探究は天理教教義学の研究領域に属する。

ここで、まず大切なことは、心の地平の二重性と生の二重性との対応を射程に入れて、生きていることの意味を考察する点にある。私たちがふだん現実だと思っている生の事実性は生の表層部分にすぎず、その深みには生の深層がある。心の表層の地平においては、生の表層のみが現実として把握され、心の深層の地平には生の深層も含めて、生の世界全体が理解される。このように生の事実性は生の二重性を特徴とする。それは生の日常的事実性と根源的事実性からなる。私たちは、親神の十全の守護に包まれて生かされて生きているという生の根源的事実性、あるいは生の本来性を理解することなく、とかく自分の知恵や力で生きているように思って、生の日常的事実性、すなわち生の非本来性の中に生きているきらいがある。

私たちは生の日常的事実性から根源的事実性へ向けて、心の視座を深化させるにつれて、私たち人間存在の生の本質的なあり方を自覚的に理解できることになる。生の理解といえば、哲学の解釈学的展開において、ディルタイの「生の哲学」がすぐに思い浮かぶ。彼のいう生の哲学は「生」を主題として、生きることの意味を明らかにしようとするものである。その哲学的思惟は、平板化された日常的世界という意味あいを超えて、生の深みを示唆する。ディルタイの哲学によれば、「生」（Leben）はほぼ「体験」（Erlebnis）と同一視され、それはその背後に遡《さかのぼ》ることのできない根本事実である。体験とはまさに、ある与えられた状況において、事物事象を直接に知ることである。こうした体験の意識は体験そのものに伴って、ますます深まっていく。したがって、体験の理解には非合理的なものも含まれるが、それは生それ自体が非合理的なものであるからである。

このように、彼は生を生それ自体から理解しようとした。その意味では、彼の解釈学はまさに「生の解釈学」であった。ディルタイは体験が究極的に、構成的な概念枠組みに解消できない非合理的な内容をもつことにしばしば言及している。特に注目すべき点は、ディルタイが、近代合理主義の視点からみれば啓蒙を阻害する非合理的で蒙昧《もうまい》な「自然の傾向性」（カント）として消極的に見られがちであった感情や衝動に、むしろ積極的な意義を認めたことである。このことは、ディルタイの洞察が「感情」（Gefühl）に、感性の単なる受動的な働きを超えて、

「生そのものの意味が全面的かつ根源的に開示される地平」としての意義を与えたことを示している（註3）。このような脈絡からみれば、生の事実性に関する意味論的研究は、天理教コスモロジーの視座から捉えた「生の解釈学」と言えるかもしれない。

二　天理教人間学の意味論的視座

生の事実性に込められた意味について、天理教人間学の立場から考察する前に、まず、天理教人間学の意味論的視座とは何かを少し論じておくことにしよう（註4）。

ここでいう天理教人間学の意味論的視座とは、天理教のコスモロジー（人間観・世界観）にしたがって、生きていることの意味を、生の表層あるいは社会慣習レベルでコード化された固定的な意味だけに限定しないで、生の深層にまでも射程を深く拡げて理解しようとするものである。さらに、この意味論的パースペクティヴにおいて、生の日常的事実性と根源的事実性という生の事実性の二重性に対応したかたちで、言葉とその意味は、表層的な意味と深層的な意味というように、意味の二重性として現われてくる。このことは、日常言語における言葉の意味と三原典における言葉の意味が多重多層的に結び合って、有機的な意味世界を構成していることを示唆している。

日常生活において、「意味」は私たちの関係性の意識として生起しているし、また、私たちの生それ自体の本質的契機をなしている。私たちがふだん経験することがらは、本質的に意味の二重性、すなわち、一般的に共有される意味と各自に固有な意味という二重性をもつ。「意味」(sense, meaning)といえば、すぐに言語学者フェルディナン・ド・ソシュール(Ferdinand de Saussure)のいうシニフィアン(意味するもの、能記 signifiant)とシニフィエ(意味されるもの、所記 signifié)の密接不可分の関係が思い浮かぶ。ソシュールはシーニュ(記号 signe)について、一方は意味する要素、他方はそれによって意味される要素の二つに分けて、それら二つの関係に「意味」の成立を見た。ちなみにソシュールの学位論文テーマは、インドのサンスクリットに関する言語学的研究であった。このことは、インドの言語哲学がソシュール独自の言語学理論の構築に影響を与えたことを示唆している。インドの言語哲学では、伝統的にシャブダ(語・音 śabda)にはアルタ(意味 artha)を表わす能力(śakti)が備わっていると考えられ、シャブダとアルタの関係に関する思想が展開されてきた。インドの文法学者・言語哲学者であるバルトリハリ(Bhartṛhari)によれば、「語と意味の結合関係は永遠である」(nityaḥ śabdārthasaṃbandhāḥ)。それは彼が属した文法学派にとって根本テーゼであった。しかし、バルトリハリは言葉の永遠性とともに、言葉の恣意《しい》性も同時に認めて、言葉の両義性あるいは二重性を考察の軸として言語の現象を考えようとしていた（註5）。そうした意味で、インド哲学におけるシャブタとアルタの関係は、ソシュールのいうシニフィアンとシニフィエの関係と共通の言語論的な意味構造を示す。

ともあれ、私たちは日常生活において、常識的に「語」が外在的対象を指示すると考えている。ところが意味論的な視座からみれば、実際には語が物を示しているのではなく、すべては心の中で構築されるイマージュ（image）、すなわち意味現象として理解される。生の日常的事実性レベルで、社会慣習的に記号コード化された「意味」は、おのずと概念的な性格を帯びる。日常言語の中で、人びとのあいだで実際にコミュニケーションの道具として言葉を用いる場合、言葉の意味が概念的であること、一義的であることは機能的に必要である。つまり、概念的あるいは一義的な意味の指示関係が成立するということは、シニフィアンとシニフィエのあいだに、本質的に一対一の関係性が存在していることを示している。

生の根源的事実性あるいは言葉の意味の深みを開示する原典においては、ソシュールの言語学によれば、たとえシニフィアンは一つであっても、それに対応するシニフィエは多義的になっている。言葉のシニフィアンとシニフィエの関係性がずれて、シニフィエのほうが広がり深まっているためである。日常言語の言葉と違って、原典の言葉とその意味のあいだには、意味論的なずれが生起している。このことは、原典の言葉が開示する意味世界を日常言語レベルの意味理解によって概念的に理解しようとしても、その概念的な意味理解には、おのずと限界があることを示唆している。この道の信仰において、こうした意味構造を示唆する「おさしづ」のお言葉を少し挙げることにしよう。

どうせこうせこら言わんこれ言えん。言わん言えんの理を聞き分けるなら、何かの事も鮮やかと言う。それ人間という身の内という、皆神のかしもの・かりもの、心一つが我がの理。

（明治二十三年四月四日　補遺）

私たちがこの道の信仰に生きる中で、常識あるいは日常的な意味レベルで当たり前として捉えていた生の日常的事実性は次第に変化していく。そして、新たに意味の深み、生の根源的事実性が心の地平に拓かれてくる。生の根源的事実性とは、この世界が親神の守護の世界であり、私たち人間がご守護の世界において生かされて生きているということである。この生の根源的事実性を理解するためには、私たち一人ひとりが「言わん言えんの理を聞き分ける」ことが不可欠である。教えの根本は、たとえいくら日常言語レベルの言葉を尽くして語ろうと思っても、なかなか語り尽くせるものではない。こうした宗教の言語のもつ特徴を、マールブルク大学の宗教学者、ルードルフ・オットー（Rudolf Otto）は宗教学の古典的名著『聖なるもの』（*Das Heilige*）の中で、次のように見事に言い当てている。宗教の非合理的な本質、すなわち「ヌミノーゼ」（das Numinöse）は「厳密な意味では定義できず、ただ論議されるだけである。すなわち論じ合うことを通して、このカテゴリーが聞き手自身に対してひとりでに動き出し、浮かび上がり、やがて意識されざるを得なくなるような、その人自身の心情の地点まで導いていくように試みることによって、その理解を助けてやることはできるのである」（註6）。

宗教の中核をなす教えの根本は、厳密な意味において言葉で語り尽くせるものではない。ただ、その人の心を刺戟して理解へといざなうことができるだけである。その意味で、原典の言葉はまさに「言わん言えんの理」を説くものである。したがって、私たち一人ひとりが教えを繰り返し何度も聞いたうえで、その言葉に込められた意味の深みを感得することが大切である。それはすでに示唆したように、教えの言葉のシニフィアンとシニフィエの関係性がずれて、シニフィエのほうが広がり深まっているためである。

それでは、この道の信仰において、意味の深みを拓くための教えのかどめは何かと言えば、それは、ここに引用した「おさしづ」のお言葉が教示しているように、「それ人間という身の内という、皆神のかしもの・かりもの、心一つが我がの理」である。つまり、この道の「教えの台」といわれる「かしもの・かりもの」の教理である。

さらに日常言語の言葉と違って、原典の言葉とその意味のあいだには、意味論的なずれが生起していることを具体的に論じるために、「おさしづ」のお言葉をもう一つ挙げることにしよう。

強い者は弱い、弱い者は強いで。強い者弱いと言うのは、可怪《おか》しいようなものや。それ心の誠を強いのやで。

（明治二十年十二月四日）

この「強い者は弱い、弱い者は強い」というお言葉の意味は、日常言語の次元では、どう考えても矛盾しており、その意味を理解することは難しい。しかし、「おさしづ」のお言葉の意味は、常識では考えられない意味の深みを示している。しかも意味の深みとは、原典の言葉のもつ意味の広さでもある。原典の言葉のもつ意味の深みを、その深みへと探究していくと、親神の限りないご守護の世界の拡がりが開示されるからである。ソシュールの言語哲学によれば、日常言語では一枚の硬貨の裏表のように密接不可分であると考えられるシニフィアンとシニフィエが分離して、それら二つのあいだに大きなギャップが現出している。「強い者は弱い、弱い者は強い」というお言葉は、生の日常的事実性あるいは日常的な意味世界において、何かしら行き詰まったとき、私たちの心の地平を生の表層から深層へといざなう。

自分の知恵や力で生きているという心の地平では、このお言葉に込められた意味は理解し難い。ところが、心の地平が生の根源的事実性へ向けて深まっていくにつれて、このお言葉が、この存在世界の本質、すなわち、この世界は親神の守護の世界であり、私たちの身体が親神からの「かりもの」であるという生の根源的事実性を教示していることが理解できるようになる。したがって、原典理解の地平を拓くためには、日常言語の地平において、原典の言葉を、ただ概念的あるいは論理的に理解しようとするのではなく、日常的あるいは常識的な意味理解を超えて、いわゆる「信仰の言語」の地平において、天理教の教えと信仰のコンテクスト（文脈）を踏まえながら、原典における言葉の意味を理解しようとする心の姿勢が不可欠であると言えるであろう。

三　「かしもの・かりもの」の教理とその意味理解

天理教人間学の視座をもう少し具体的に考察するために、ここで、前節で少しふれた「かしもの・かりもの」の教理に込められた意味の深みについて論じることにしよう。この教理は周知のごとく、天理教の信仰を基礎づける教えの根本、すなわち「教えの台」である。この教理によれば、私たち人間身の内は親神によって貸し与えられたもの、親神から借りたものである。ただ、心だけは「我がのもの」として自由に使うことを許されている。この「かしもの・かりもの」の教理は、この道の信仰に引き寄せられた者のだれもがまず聞かせていただく教えである。しかし、この教理の意味内容は限りなく広くかつ深い。原典では、次のように教示されている。

にんけんハみな〳〵神のかしものや　なんとをもふてつこているやら　三 41
にんけんハみな〳〵神のかしものや　神のぢうよふこれをしらんか　三 126
めへ〳〵のみのうちよりのかりものを　しらずにいてハなにもわからん　三 137

人間というは、身の内神のかしもの・かりもの、心一つ我が理。（明治二十二年六月一日）

人間というものは、身はかりもの、心一つが我がのもの。たった一つの心より、どんな理も日々出る。どんな理も受け取る中に、自由《じうよ》自在《じざい》という理を聞き分け。

（明治二十二年二月十四日）

この「かしもの・かりもの」の教理に込められた人間存在の生の本質的なあり方は、ある意味で、だれもが概念的あるいは論理的に理解できる。それを日常言語レベルで理解するとき、心と身体の関係性として、その意味を概念的に把握できる。近代科学の知は身体の構造や機能を詳しく分析している。身体は実際、目に見えるものであり、私たち一人ひとりにとってあまりにも近い。そのために、かえって身体のもつ本質が見えないこともある。日常的な意味理解の次元では、この教理の理解において、「かしもの・かりもの」という言葉のシニフィアンとシニフィエは、いわば硬貨の裏表のように密接不可分の関係にある。

この道の信仰を求めて、日々、心勇んで生きる中で、この教理に込められた意味の深みが次第に理解できるようになり、生きていることの意味理解は深くなっていく。そうすると、「かしもの・かりもの」という言葉のシニフィアンとシニフィエの関係性が徐々にずれていく。親神の守護によって生かされて生きているという生の根源的事実性が自覚的に理解できるようになって、生の意味理解は深化していく。それに伴って、「かしもの・かりもの」という言葉のシニフィエがますます広がり深まっていく。そうすると、その言葉のシニフィアンのほうがシニフィエについていけなくなってしまう。「かしもの・かりもの」という言葉それ自体は変わらないが、その教理に込められた意味の理解が大きく変わっていく。私たちの心が生の表層的な意味世界から深層的な意味世界へ深化していくに伴って、私たちの心に映る世界が変わっていく。

この道の先人たちは「かしもの・かりもの」の教理について、体証あるいは体解が大切であることを強調してきた。そのことは、この教理に関する知的な理解を超えてはじめて、その教理が開示する意味の深みを自覚できることを示唆している。

ここで、一人の先人の逸話に言及することにしよう。取り上げるのは高安大教会初代会長の松村吉太郎（一八六七―一九五二）の信仰体験である。松村吉太郎という先人は明治十九年（一八八六年）、肋膜を病んだときにたすけられて入信した。彼は明治、大正、昭和という激動の時代にあって、神一条の精神で生き抜き、この道の発展のうえに尽力した。とりわけ、初代真柱様の命を受けて天理教一派独立請願運動に十年間、一身を擲《なげう》って奔走し、この道の一派独立を成し遂げた。

松村吉太郎は明治二十六年の秋、激しい赤痢にかかり、医者も匙《さじ》を投げるほどの症状で生死の境を彷徨《さまよ》った。二十六歳のときであった。ある日、教祖の直弟子の一人、桝井伊三郎（一八五〇―一九一〇）が見舞いにやって来た。命がけで信仰していた桝井は教理に深く精通していた。松村の述懐によれば、桝井は寝ている松村に次のように話しかけたという（註7）。

松村さん。心がたおれたら身がたおれる。心が死ねば身上も死ぬ。心が生きたら身上は生きるのや。身上は神様からの借物や、何も案じることいらん……

お道の教えと信仰に精通していた桝井伊三郎という先人から、「かしもの・かりもの」の教理を聞いた瞬間、松村に大きな心の転換が訪れた。彼は次のように述懐している。

その短かい言葉が、ピーンと胸にひびいた。もう何年という間、耳がたこになるほど聞いたお話だ。そのときは、そんなものとして聞き流し、更に一歩、話の底に踏み込んで理をきわめようともしなかったが、今日ばかりは「そうだ、たしかにそうだ！」と思えた。

この言葉が示しているように、松村は「かしもの・かりもの」の教理を「もう何年という間、耳がたこになるほど」聞いていた。何度も繰り返し聞いて、その教理が分かったつもりでいた。ところが、彼の「かしもの・かりもの」の教理理解は、それまでは依然として知的な理解に留まっていたのである。この逸話は、そのことを示している。しかし、そのときばかりは松村には、その教理が「そうだ、たしかにそうだ！」と心に感じとれた。これは信仰のうえで新たに生まれ更わるという主体的な体験であった。それは宗教学でいう「回心」(conversion）の瞬間を意味する。桝井の教理の諭しがきっかけとなって、松村は「かしもの・かりもの」の教理に込められた意味の深みが心底から理解できるようになる。そのとき、松村には一つの悟りが開けてきた。

今日までの松村吉太郎はここで死んで、これからは、神の用木として生きかえるのだ。これが命のきり継ぎだ。これをようしないようで、どこに信仰の徳があるといえよう……

この松村吉太郎の「そうだ、たしかにそうだ！」という言葉は、「かしもの・かりもの」の教理を真に理解できたことを的確に示す、まさに信仰体験の言葉そのものである。「そうだ、たしかにそうだ！」という表現には、言葉ではなかなか表現できない信仰体験そのものが凝縮されている。それは教理の知的な理解を超えた、いわば直観的な理解を示唆している。この道の先人は、信仰生活の中で「理を感じる」ことの重要性を強調した。たとえば『正文遺韻抄』は、次のように記している。

身上かしもの、かりもの、心一ツがわがの理。これ、をしへのだいゝでございますする。ゆゑに、この理をきゝわけ、ほんになる程、かりものにちがひないと、理をかんじるが、かんえうでございます。この理をかんじねば、なんにもわからん。(註8)

松村吉太郎の「そうだ、たしかにそうだ!」という言葉は、松村が知的な理解を超えた次元で「かしもの・かりもの」の理を感じたことを含意している。この教理は、ただ知的に理解している限りでは、「かしもの・かりもの」の教理理解はいまだ概念的であり、「かしもの・かりもの」という言葉のシニフィアンとシニフィエがまだ密接不可分の関係にある。しかし、この教理に込められた深い意味を直観的に感じとるようになった瞬間、心の中で「かしもの・かりもの」という言葉のシニフィアンとシニフィエの関係性がくずれ、その教理に込められた意味の深みが体解される。ここにはじめて、親神の十全の守護に包まれて生かされて生きているという生の根源的事実性を心底から自覚できることになる。「かしもの・かりもの」の教理の自覚的理解は、それが知的な理解を超えた理解であるという意味で、まさに〝体解〟と言うことができる。この点を「おさしづ」のお言葉は端的に教示している。

めん〳〵かりもの承知。かりもの分かっても、かりものの理白由《じうよう》分からねば何もならん。

（明治二十年十月十二日）

この道の教えを少しでも聞いた人であれば、だれもが「かしもの・かりもの」の教理をよく知っている、あるいは自分では知っているつもりである。また、この教理について尋ねられるならば、その内容を言葉でもって説明することもできるであろう。しかし、最も肝心なことは、この教理に込められた深い意味あいを理解することである。つまり「かりものの理」、すなわち人間身の内に入り込んで守護してくださっている親神の自由自在の守護の理を心底から自覚的に理解しなければ、「かしもの・かりもの」の教理がほんとうに理解できたとは言えない。このように「かしもの・かりもの」の教理を心底から理解するためには、確かに教理の内容を知識として知的に理解することは必要であるが、それと同時に、私たち一人ひとりの信仰的な体験や実践によって心を深化させることで、この教理に込められた意味を心の深みにおいて理解することこそが不可欠であると言えるであろう。

この道の「教えの台」としての「かしもの・かりもの」の教理に込められた深遠な意味内容を、このような簡単な叙述で語り尽くすことはできない。ただ、ここでは、私たちの心が生の表層的な意味世界から深層的な意味世界へ深化していくと、「かしもの・かりもの」という言葉のシニフィアンがシニフィエについていけなくなってしまう、こういう天理教の信仰の意味論的構造を指摘したかったのである。この道の教理を深く理解するためには、その体証あるいは体解が不可欠であるということは、言うまでもなく天理教の教理理解のさまざまな場面において、繰り返し現われてくる。

四　心の深みの地平へ

以上、「かしもの・かりもの」の教理とその理解のあり方を考察することによって、教理の理解が生の意味理解の深化と対応していることが明らかになった。原典が開示する生の意味の深み、すなわち、私たちが親神の守護によって生かされて生きているという生の根源的事実性を理解するためには、私たち一人ひとりの心が変わらなければならない。心が成人しなければならない。心の成人によって、物事を捉える心のパースペクティヴ（視座）が深化するのに応じて、いままで見えなかった生の事実性の深みが見えてくる。心の目線が下がることによってはじめて、そこに存在世界のリアリティ全体が少しずつ開示されていくからである。ここで留意すべき点は、心の目線が存在の深みへ向けて下がるのは直線的ではなく、むしろ螺旋《らせん》的な深化のプロセスを辿るということである。

天理教人間学の意味論的視座において、私たちは人間存在の生の意味を根源的に問い直すとき、近代の知を超えた生の深みの地平から、日常的な生の次元を問い直すことができる。「陽気ぐらし」という人間存在の本来的なあり方を自覚的に理解することができる。私たちがふだん生きている生活世界は、自分の知恵や力によって生きているという日常的な生の世界である。日常的な心の地平からみれば、私たちは身体を自分自身のものと思い込んでいる。現代社会において、私たちが近代合理主義的な世界観の中に生きている限り、このことはだれもが常識として共有している生の事実である。こうした生の事実のあり方を、ここでは「生の日常的事実性」と呼ぶ。私たちは、ふだんこの事実性の視座から物事を見ることに慣れていて、その事実性をほとんど疑うことはない。この心の地平において、物事を見たり聞いたりしていると、その心の地平で把握するものだけが、私たちの心にとってリアルに存在するものであると認識される。

ところが「地平」には、宗教哲学者の上田閑照氏が指摘するように、必ず「地平の彼方《かなた》」が存在する。上田によれば、「経験を可能にする（世界）地平には必ず地平の彼方がある。ということはすなわち、地平と地平の見えない彼方との重なりが経験の本当の地平になるということである。そしてこの二重地平によって経験の深みの次元が開かれる」（註9）。

心の地平の彼方へといざなわれるのは、病い（身上のさわり）とか人間関係の悩みや苦しみ（事情のもつれ）など、日常的な価値判断や常識がほとんど通用しなくなるようなことがら、すなわち「ふし（節）」に出合ったときである。「ふし」は、私たちの心に生の深層的な意味の世界が次第に拓かれていく契機となる。さまざまな悩みや苦しみをとおして、私たちは生の日常的事実性から生の根源的事実性へ向けて、心の視座を掘り下げる機会を与えられる。「おさしづ」には、次のように諭されている。

ずつない事はふし、ふしから芽を吹く。やれふしや〳〵、楽しみやと、大き心を持ってくれ。

（明治二十七年三月五日）

このお言葉は子供であれ大人であれ、だれもがふだん知っている事象を、いわば「メタファー」（隠喩）として用いて、私たちが悩みや苦しみに出合ったとき、どのような心で対処すればよいのかを平易に教示している。このお言葉の中で用いられている「ふし」という言葉は、言語哲学でいうメタファー（metaphor）、すなわち譬《たと》えである。言語の創造的機能に注目する哲学者のポール・リクール（Paul Ricoeur）は、メタファーとは「間接的で暗示的で暗黙の仕方ながら、私たちになじみの環境との日常的な関係がまさに隠しているものを、思いきって言おう」とするものだと論じている（註10）。

日常言語によって思うように表現できない生の意味の深み、あるいは存在の深みを、私たちはメタファーをとおして暗示的に理解することができる。この「おさしづ」のお言葉において、「ふしから芽を吹く」という隠喩的表現の意味内容は、きわめて奥深い。

たとえば、竹や木には節《ふし》がある。だれもが知っていることがらである。もし竹や木に節がなかったならば、たとえ少しの風雨であっても、風雨に遭えばすぐに倒れてしまうであろう。竹や木には節があるので、竹や木は風雨にも強い。また、節から次々と新しい芽が吹き出して、竹や木が次第に大きくなっていく。それと同じように、私たちがさまざまな「ふし」に出合うとき、私たちはこの道の教えによって、自らの心のあり方を捉えなおし、「陽気ぐらし」という本来的なあり方を自覚的に理解する機会を与えられる。私たちが出合うさまざまな「ふし」は、生の深層的な意味世界への「開け」のきっかけとなる。

ここで「ずつない」（術無い）とは、『広辞苑』によれば「処置のしようがない。苦しい」を意味する。たとえ個人であれ家族であれ、あるいは社会全体であれ、だれにとっても「ずつない事」はあってほしくないものである。心が日常的な意味世界の次元にあって、日常的あるいは合理的な価値判断や常識によって物事を見たり聞いたりしているようなときに、つらくて苦しい「ふし」に出くわすと、それは到底「楽しみ」とは思えない。常識という心の地平からみれば、このお言葉に込められた深い意味は理解できない。それは、日常経験的な心の地平には全く閉ざされた意味の世界だからである。常識から判断すると、「ずつない事」が楽しいはずはないからである。

しかし、常識がもはや通用しなくなる状況において、私たちの心の目線はおのずと生の意味の深みへといざなわれていく。そうしたとき、「ふしから芽を吹く」という隠喩的表現によって、「ふし」は親神が私たちに与えられる陽気ぐらしへのメッセージであることを自覚することができる。そうした意味において、「ふし」との出合いは心の成人へ向けて、生の表層から深層へ、心の地平を大きく転換するための契機であると言えるであろう。

さらに、お言葉では「大き心を持ってくれ」と諭される。ここで諭される「大き心を持ってくれ」とはもちろん、くよくよと心配するような人間思案の心ではなく、親神にもたれて通るというような大きな心を定めることを意味する。さらには、自分がたすかりたいという自己中心的な心で通るのではなく、人をたすける心で通るということも含意している。常識という心の地平を超えて、心の深層が拓けていくとき、このお言葉に込められた意味の深みが次第によく理解できることになる。「ふし」をとおして私たちの心の地平は、生の日常的事実性から生の根源的事実性へ向けて深まっていく。ただ、そうした心の地平は、生の表層から深層へと直線的に深まっていくのではなく、生の表層と深層のあいだを繰り返し揺れ動きながらも、いわば螺旋的に次第に深まっていく。このことについては、「おさしづ」に次のように諭されている。

さしづは違わん。なれど当分はその心で居る。なれど日が経てば、遂《つい》には勝手々々ついで〳〵、遂には崩れ、その日〳〵の勝手を以《もっ》て崩す。そんな事ぐらいはほんの小さい事や。どんならん事は、その時の場合によりてする事はどうもならん。（明治二十五年一月十三日）日が経てば、その場の心が弛《ゆる》んで来るから、何度の理に知らさにゃならん。

（明治二十三年七月七日）

私たちの心が一時的に生の表層から深層へと深まって、親神を見つめ、その教えに生きる心を定めたとしても、時間が経てば「その日〳〵の勝手を以て崩す」ことになると諭される。時が経つにつれて、次第に形ばかりの信仰になってしまいがちである。したがって、私たちが心の深みを拓き、生の根源的事実性を自覚して心の成人ができるように、親神は身上のさわりや事情のもつれとして「ふし」を与えられる。このように私たちの心の地平は、あたかも螺旋状を描くように、心の表層と深層のあいだを行きつ戻りつしながら次第に深化していく。こうして私たちの心の目線は下がっていく。それに応じて、生の意味の深みが拓かれていく。そうすると日常的な生の世界がそのまま、天理教のコスモロジーによれば、親神の守護の世界であることが自覚できることになる。私たちが親神の守護によって生かされて生きているという、あるがままの生の世界を次第に心に映すことができるようになる。

このように、生活世界は二重の生の世界を構成しており、心の地平と生の世界は動的に結びついている。生活世界の二重性について、生の事実性という視点から捉えなおすとき、生活世界の表層部分が生の日常的事実性をなすとすれば、その深層部分は表層部分を包摂しながら、生の根源的事実性をなしている。

心の地平の二重性を考えるとき、重要なことは、フッサール現象学でいう「地平志向性」(Horizontsintentionalität)ということである。「地平」とは、志向性に随伴して生起する意味の受動的構成のことである。言語学的にいえば、私たちが生活している世界では、言語それ自体が文化的思考形式である。生の表層的な意味理解と深層的な意味理解のあいだでは、たとえ同じ言語であったとしても、言語的意味分節のしかたが異なっている。言語による意味分節のしかたが異なれば、言語によって支えられる思考様式も異なってくる。したがって、心の表層という地平とその「地平の彼方」では、心に映る生活世界も違ってくる。しかし、言語によって意味分節される以前のリアリティ、あるいは生の世界それ自体は、言語の違いとは関係なく同一の存在である。それは天理教のコスモロジーによれば、親神の守護の世界である。天理教のコスモロジーが開示する親神の守護は、三原典の中で説かれる親神の啓示の真理性を理解するばかりでなく、教理の理解を日々の生活場面の中で実践すること、すなわち、生きられる教えとすることによって、次第に自覚的に理解できることになる。教理の理解と信仰の実践あるいは体験は、まさに「二つ一つ」の関係をなしている。

天理教コスモロジーの中に生きることは、私たちの日常的な意味世界とその性格を問いなおす契機となる。日常的な意味世界は近代科学的世界観によって構築されている。ところが、心の表層の地平で捉えられる生の日常的事実性は、私たちが生きている存在世界の表層部分に当たる。日常的な意味世界の深みには、生の根源的事実性、すなわち非日常的な意味世界の拡がりが存在している。

五　原典の言葉に込められた意味

私たちの心を根源的に規制する要因として、言葉の「意味」がある。私たちはふだん社会慣習的にコード化された「意味」の世界に生きている。しかし同時に、日常経験的な意味世界の深みに、深層的な意味世界が拡がっている。天理教のコスモロジーでいう親神の守護の世界は、日常経験的な意味世界と深層的な意味世界を包摂している。三原典における親神の啓示の言葉は、日常経験的な意味次元でも、ある程度、論理的あるいは合理的に理解することはできる。ところが原典の言葉は、それが親神の啓示の言葉である限り、どうしても論理的あるいは合理的な理解には限界がある。

原典の言葉を言語学的にみれば、私たちがふだん日常生活の中で使っている言葉と何ら変わらない。しかし、日常言語における言葉の日常的な意味のうえに重ね書きしたかたちで、親神は根源的啓示の言葉を私たちに教示されている。親神は日常言語の意味の地平を超えた地平で、すなわち日常的な意味の「地平の彼方」で、根源的啓示の言葉を教示されている。したがって、原典における言葉の意味を理解するためには、日常的経験の心の地平と同時に、その心の「地平の彼方」において、原典の言葉に込められた意味の深みを理解しようとする複眼的な視座が求められる。こうした複眼的な心の視座をもつことによって、私たちは次第に原典の言葉、あるいは教理に込められた意味の深みを理解するための心の地平を拓くことができるようになる。このことは私たちの心の中に、生きることの真の意味、生の根源的事実性を理解する地平の開けを意味している。

第八章　信仰の世界と言葉

まず、「信仰と言葉」というテーマに入るまえに、天理教の信仰を理解するための意味論的視座について少し述べておきたい。私たちは日常生活において、自分の意思を伝達するコミュニケーションの手段として言葉を用いている。それは社会慣習的な意味コードをもつ日常の言語である。社会慣習的に記号コード化された言語の意味は、おのずと概念的な性格をもっている。概念的な意味は一義性を特徴とする。意味現象を成立させるシニフィアンとシニフィエは原則的に一対一の関係にある。それに対して、信仰の言語とよばれる意味現象では、一つのシニフィアンに対応するシニフィエが原則的に一義的ではない。それは、さまざまな意味構成要素が多重多層に結び合う有機的な意味構造を示唆する。信仰の言語は、社会慣習的あるいは表層的な意味次元の下に伏在する深層的な意味世界を表現するからである。その意味の深みは論理的に言説しようとしても、なかなか思うように表現できないし、合理的に理解しきれないという特徴をもつ。

ただ、日常の言語と信仰の言語というように、二つの言語があるのかといえば、決してそうではない。二つの言語であるようにみえるけれども、一つの言語だけが存在する。意味の深みが理解できない者にとっては、存在世界はすべて日常の言語に基づく意味世界だけである。ところが、意味の深みの地平が次第に拓《ひら》けて、この世界が親神の守護の世界であることが少しずつ見えてくるようになると、それまで見ていた同じものが、全く違って見えてくる。日常の言語を超えた信仰の言語による深層的な意味の世界、すなわち心の原風景が見えてくると言えるであろう（註1）。

一　教祖の逸話「言葉一つ」

この道の教えにおいて、信仰の言語を掘り下げて理解するために、ここでは教祖の逸話「言葉一つ」を取り上げ、その逸話を手がかりとしながら、この道の教えにおける信仰の言語が開示する意味構造を考察したい。

教祖が、桝井伊三郎にお聞かせ下されたのに、

「内で良くて外で悪い人もあり、内で悪く外で良い人もあるが、腹を立てる、気儘癇癪《きままかんしゃく》は悪い。言葉一つが肝心。吐《つ》く息引く息一つの加減で内々治まる。」

と。又、

「伊三郎さん、あんたは、外ではなかなかやさしい人付き合いの良い人であるが、我が家にかえって、女房の顔を見てガミガミ腹を立てて叱ることは、これは一番いかんことやで。それだけは、今後決してせんように。」

と、仰せになった。

桝井は、女房が告口《つげぐち》をしたのかしら、と思ったが、いやいや神様は見抜き見通しであらせられる、と思い返して、今後は一切腹を立てません、と心を定めた。すると、不思議にも、家へかえって女房に何を言われても、一寸《ちょっと》も腹が立たぬようになった。（註2）

この逸話は、日常の言語の地平において、天理教の信仰と関係なく読んだとしても、その内容をある程度理解できるであろう。教祖の言葉に沿って、桝井伊三郎という先人が家でも腹を立てることなく、優しい心で通ったということを理解することができる。ここではさらに視座

を掘り下げ、信仰の言語の地平において、この逸話を読み解くことにより、この逸話のもつ深い意味あい、あるいは、いまここに生きていることの真の意味を理解したい。

この逸話の内容をよく理解するために、桝井伊三郎という先人の生涯について少し言及しておこう。桝井は嘉永三年（一八五〇年）二月十二日、伊豆七条村（現・大和郡山市伊豆七条町）の生まれである。元治元年（一八六四年）、十五歳のとき、母親キクの身上のさわりから入信した。この点については、『逸話篇』の一六「子供が親のために」に記されている（註3）。さらに明治九年（一八七六年）、二十七歳のとき、教祖の仲人《なこうど》で西尾ナラギクと結婚した。結婚式のとき、教祖は右と左の手を出して両人の手を握り、「これで治まったんや、これで治まったのやから名をおさめさんとかえなさい」と言われたという（註4）。そこで結婚後、ナラギクは名をおさめに改めた。桝井伊三郎は明治四十三年七月一日、六十一歳で出直した。桝井は教理に明るく深い理解をもっていた。

すでに前章で言及したが、もう一度よく知られた逸話にふれておきたい。松村吉太郎（高安大教会初代会長）が二十六歳のとき、生死の境を彷徨《さまよ》った折、桝井は松村を見舞って次のように言った。「松村さん。心がたおれたら身がたおれる。心が死ねば身上も死ぬ。心が生きたら身上は生きるのや。身上は神様からの借物や、何も案じることいらん……」。松村は「かしもの

・かりもの」の教理をよく知っていたが、そのときばかりは、そのお話を聞いて、心底からなるほどと感じて、「今日までの松村吉太郎はここで死んで、これからは、神の用木として生きかえるのだ」と、心を大きく神一条の心へと転換した（註5）。この逸話は「かしもの・かりもの」の教理の知的理解が信仰の言語の地平において深化し、その理が心に治まることによって、その教理の意味がほんとうに理解できることを示している。このように桝井伊三郎は、人びとの心に響くようにお道の教理を説いた。

「言葉一つ」の逸話が教示しているポイントは大きく三つあるだろう。まず、「言葉一つが肝心」ということである。「吐く息引く息一つの加減で内々治まる」、すなわち、言葉をいかに語るかによって家庭をはじめ、さまざまな人間関係がおのずと治まっていく。「言葉一つ」によって人を勇ませることもできるし、また人の心をいずませることにもなる。日常生活において、言葉はコミュニケーションの手段であるが、言葉は私たち人間の心を表現するものである。

私たちの心が日常経験的な地平に留まっているとき、私たちはとかく自己中心性に傾きやすく、親神の守護によって生かされて生きていることを自覚的に理解することが難しい。ところが、親神の守護の理に目覚め、「かしもの・かりもの」の教理に込められた生の深み、すなわち生の根源的事実性を自覚的に理解するとき、生かされて生きていることの喜びが、生の根源の地平から「言葉一つ」として語り出される。親神の守護によって生かされて生きていることの喜びから、言葉が語り出されるとき、私たちの勇んだ心に基づく言葉は、周りの人びとの心を勇ませることができる。近年、わが国でも離婚が多くなっているが、夫婦のあいだであっても、自己中心的な心から捨て言葉を使うと、夫婦の心に少しずつ溝ができていく。言葉は私たちの心を映し出すことを銘記すべきであろう。

また第二に、家庭において夫婦の心を一つに治める大切さを学ぶことができる。「みかぐらうた」に、「このよのぢいとてんとをかたどりて　ふうふをこしらへきたるでな　これハこのよのはじめだし」（第二節）と教えられる。この道の教えによれば、夫婦は人間関係の基本である。私たち人間は社会的関係存在として、自己と他者の関わりの中で存在している。そうした中にあって、特に夫婦二人の心を合わせて通ることが、人間存在の本来的なあり方を実現するうえで不可欠な要因である。

さらに第三に、信仰は「一名一人限り」と教えられる。たとえ夫婦・親子であれ、一人ひとりの心は違っている。原典において、次のように諭されているところである。

をやこでもふうふのなかもきよたいも　みなめへ／＼に心ちがうで

五　8

さあ〳〵人間というは神の子供という。親子兄弟同《お》んなじ中といえども、皆一名一人の心の理を以て生れて居る。何ぼどうしようこうしようと言うた処《ところ》が、心の理がある。何ぼ親子兄弟でも。（明治二十三年八月九日）

たとえ同じ家族の中の親子兄弟であったとしても、「みなめへ〳〵に心ちがう」「皆一名一人の心の理を以て生れて居る」と教えられる。したがって、親神の教えに沿って、私たち一人ひとりが自らの心を日々掘り下げながら、成人の道を歩むことが肝心なのである。この逸話は、一人ひとりが親神の思いに沿った生き方をすること、すなわち、人間心によってではなく神一条の心で生きることの大切さを教示している。日常的な意味の世界に生きながらも、それと同時に、信仰の世界に生きることこそが肝心なのである。

二　天理教のコスモロジーの基本構造とその理解

お道の信仰と言葉の関わりを理解するためには、天理教のコスモロジー（人間観・世界観）

の構造をよく理解する必要がある。このコスモロジーの構造が次第に見えてくると、いまここに生きていることの意味をよく理解できるようになる。

ところが、現代人の多くは近代合理主義的な志向性のために、このことをよく理解していないきらいがある。すでに以前にも考察したように、私たち人間は二つの生の「つながり」の中で生きている。まず、垂直レベルの「つながり」において、親神と人間は「をや」と子という人格的呼応関係にある。ところが現代人は、ニーチェの有名な言葉「神は死んだ」が示唆しているように、「神」の存在を必要とすることなく、人間中心主義的なものの見方をしてきた。つまり、垂直レベルの生の「つながり」を遮断してきたのである。私たちは本来的な生の「つながり」を取り戻し、親神にもたれて生きることが大切である。親神に祈る、すなわち、つとめを勤修《ごんしゅう》する。それに対して、親神は私たちにたすけを与えてくださる。

一方、水平レベルの「つながり」とは、すべての人間が親神を「をや」と仰ぐ「一れつきょうだい」であるということである。他者はお互いに「きょうだい」という意味をもつ、いわば「意味のある他者」(meaningful others) なのである。現代社会においては、自己と他者のつながりはかなり分断されているが、私たちは本来的に、お互いにたすけ合って生きることが大切である。「働くというのは、はたはたの者を楽にするから、はたらくと言うのや」(註6)とも教えられるように、お互いにたすけ合って生きることが肝心なのである。
このことについて、原典には次のように教えられている。

このさきハせかいぢうう八一れつに　よろづたがいにたすけするなら　十二 93
月日にもその心をばうけとりて　どんなたすけもするとをもゑよ　十二 94
せかいぢういちれつわみなきよたいや　たにんとゆうわさらにないぞや　十三 43

我がさえよくばよいというようでは、兄弟とは言えん。
（明治三十五年八月十日）

この二つの生の「つながり」が天理教のコスモロジーの基本構造である。このことを心に治めて原典を読ませていただくと、原典のお言葉の意味がいっそうよく理解できるようになる。ただ、原典を読む前提として、生きていることの意味とその理解が求められる。生の意味がしっかり心に治まっていないと、たとえいくら原典を読んだとしても、教えの本質を理解することはできない。それは「かしもの・かりもの」の理とその自覚である（註7）。
とかく私たちは日ごろ、自分の知恵や力で生きていると思っているが、そうではない。親神

の守護によって生かされて生きているのである。「おさしづ」において、

人間というものは、身はかりもの、心一つが我がのもの。たった一つの心より、どんな理も日々出る。
（明治二十二年二月十四日）

と教えられるとおりである。日常の意味世界の地平から、お道の信仰の意味世界の地平へと、自らの心の目線を下げていくとき、私たちが親神の守護に包まれて生かされて生きていることが見えてくる。

先に挙げた桝井という先人の逸話に記されているように、そうした心の地平に立つとき、人からどのように言われたとしても、全く腹が立たなくなる。親神の守護によって生かされていることが心底から納得できるとき、何を見ても何を聞いても、すべてのことがらが喜びへと転換する。理に明るかった桝井も、若いころは教理をまだ知的に理解していた。ところが、教祖から一言、お言葉をいただかれ、そのお言葉が契機となって、心の目線を下げていった。「かしもの・かりもの」の理を心底から感じて、神一条の心で生涯を通った。私たちが生きていることの意味理解を深めさせていただくにつれて、天理教のコスモロジーが開示する二つの生の

「つながり」が次第に見えてくる。「おふでさき」には、次のように諭されている。

せかいぢうをふくくらするそのうちわ　一れつハみなもやのごとくや　六 14
にち〳〵にすむしわかりしむねのうち　せゑぢんしたいみへてくるぞや　六 15

だれもが日々、自分の知恵や力でもって精いっぱい生きている。ところが、そうした生き方は周りに靄《もや》がかかっているようなものである。その限りでは、それが世界全体だと思っている。しかし、心の目線を下げると、心が澄んでくる。そうすると、周りにかかっている靄が晴れて、本来的な生のつながりが見えてくる。私たちの生きている世界が親神の守護の世界であることが次第に理解できるようになる。心のほこりを払うことによって心を澄ますと、心は澄んでくる。私たちは日常の意味世界から、お道の信仰の意味世界へと次第にいざなわれる。こうして成人させていただくにつれて、天理教コスモロジーの構造が見えてくる。

ところが、多くの現代人にとって、生の意味の深みが見えていない。「おさしづ」には、「神が連れて通る陽気と、めん〳〵勝手の陽気とある。勝手の陽気は通るに通れん。陽気というは、皆んな勇ましてこそ、真の陽気という」（明治三十年十二月十一日）と諭されている。だれもが幸せを求めているが、「めん〳〵勝手の陽気」を求めているきらいがある。そういう生き方ではなく、親神にもたれ、みんな勇ませて生きる。私たちは「神が連れて通る陽気」、すなわち「真の陽気」を通らせていただくことが肝心である。このことと連関して注目すべきなのは、次の教えである。

わかるよふむねのうちよりしやんせよ　人たすけたらわがみたすかる　三　47

人を救ける心は真の誠一つの理で、救ける理が救かるという。（おかきさげ）

人をたすけることと自分がたすかることは密接不可分に連関している。私たち人間は自己と他者の関わりの中に生きる社会的関係存在である。自己と他者の関係性において、他者のたすけを願って、人をたすける心で生きる中に、おのずと自らもたすけていただける。「皆んな勇ましてこそ、真の陽気という」というお言葉に込められた意味を、私たちは心にしっかりと銘記すべきであろう。

三　信仰と言葉

この逸話をとおして、私たちが心に治めるべき最も重要な点は、心を澄ますということである。この逸話に出てくる腹立ちは、八つのほこりの一つである。桝井は「今後は一切腹を立てません」と心定めをすると、少しも腹が立たなくなったといわれる。「おさしづ」には、

腹の立てるのは心の澄み切りたとは言わん。心澄み切りたらば、人が何事言うても腹が立たぬ。それが心の澄んだんや。（明治二十年三月二十二日）

と諭されている。原典の中では、心は水に喩《たと》えて教えられている。

この水をはやくすますもよふだて　すいのとすなにかけてすませよ　三　10

このすいのどこにあるやとをもうなよ　むねとくちとがすなとすいのや　三　11

ごもく交じりの濁った水は、砂や水嚢《すいのう》で出来た濾過《ろか》の道具で漉《こ》して澄ますようにされるが、

心を澄ますための「砂と水嚢」とは「胸と口」であると教えられる。ここでいう「胸」とは、心でしっかりと悟らせていただくことであり、「口」とは、悟らせていただいたこと、お道の教えを人びとに伝えさせていただくことである。心と言葉について、「おふでさき」には次のようにも諭されている。

なにゝてもむねとくちとがちこふてハ　神の心にこれハかなわん　十二　133

『おふでさき註釈』によれば、「総《すべ》て心の底で思うている事と、口先で言っている事とが違うようでは、これは、真実とは言わぬのであって、従って、親神の心に受け取る事は出来ないのである」。また「みかぐらうた」には、

ひとがなにごといはうとも　かみがみているきをしずめ　四下り目　1
ふたりのこゝろををさめいよ　なにかのことをもあらはれる　四下り目　2

と教えてくださっている。また「おさしづ」には、「人がどう言うこう言うても、天が見通し」

（明治三十四年四月十五日　補遺）と諭される。『逸話篇』一二三「人がめどか」によれば、教祖は梅谷四郎兵衞という先人に「人がめどか、神がめどか。神さんめどやで」と言われたという（註8）。つまり、周りの人びとが何事を言おうとも、親神はすべてを見抜き見通しておられる。そこで、腹を立てたり気落ちしたりしないで、心を静め、親神にもたれて通るように、と諭される。また、夫婦二人の心を治めることで、親神の不思議な守護が現われてくる。したがって、夫婦が心を一つにして勇んで通るように、と教えられている。

さらに「おさしづ」では、「言葉一つ」について次のように諭されている。

子供たりといえども一つの理、日々の処の理を以て育て。言葉一つの理によって、何か一つの理を聞いて一つの理が治まるで。育てる一つの理が第一、聞くに一つの事情あれば、皆これ映り来る。大きい一つ、大きい育てば一つの心、成程の理が治まる。

（明治二十二年二月二十五日）

家庭において、子供を育てるうえで、「言葉一つ」の大切さがよく分かる。子供が立派なよふぼくに育つように、日々「言葉一つの理」によって育てる。子供を育てる親の心の姿勢によって、子供は大きく育っていくと諭される。

心一つの理を以て、互い〳〵の心を持って、あちらでぼそ〳〵、そちらであらこら言えば直《す》ぐの道を通られやせん。心を皆純粋に治めてくれ。蔭で言うより前で言え。いかん事はいかんと蔭で見て蔭で言わんと直ぐに言え。蔭で言うたら重罪の罪と言わうがな。

（明治二十三年十一月二十二日）

誠真実の心から、その人のためにと思うのであれば、家庭においてであれ人間関係においてであれ、「蔭で言うより前で言え。いかん事はいかんと蔭で見て蔭で言わんと直ぐに言え」と諭される。また、

仇言《あだこと》にも捨言葉《すてことば》神は大嫌い。

（明治二十四年一月二十八日）

何よの事も、言葉一つからどういう事も治まる。

（明治三十三年七月十四日）

とも諭される。「捨言葉」を言うことによって、人と人の心の溝は深まっていく。それに対して、

人をたすけるために「言葉一つ」を使わせていただくことによって、どのような事情も治まっていく。「みかぐらうた」には、

ひとことはなしハひのきしん　にほひばかりをかけておく　七下り目　1

と教えられる。たとえ「ひとこと（一言）」であっても、言葉によって、私たちは人を勇ませることができる。たとえ病床にあったとしても、周りの人びとに対する言葉一つによって、ひいのきしんができる。

また「おさしづ」では、「言葉添えは真の誠」と諭されている。

ほんに成程と、口で人に満足さしたて、そうであったかえなあ、真の尋ね合い、言葉添えは真の誠。誠はこれより無い。この話伝えば治め方、又話し方の理にもなる。どういう事に治まるも治まらんも、言葉添えるが理、どういう所に居る者も、こういう所に居る者も、蔭から言葉を添える道なれど、人々《にんにん》寄り合うた時は、口で旨《うま》い事言うて居て、後でふんと言うてるような事ではならん。

（明治三十一年十二月三十一日）

さらに、お道では「声は肥」といわれるが、「おさしづ」には、次のように「言葉は道の肥」と教えられる。

皆来る者優しい言葉掛けてくれ〳〵。道には言葉掛けてくれば、第一々々やしきには優しい言葉第一。何も知らん者、道はこんなものかと思てはならん〳〵。年取れたる又若き者も言葉第一。愛想という事、又一つやしきに愛想無うては、道とは言わん。男という女という男女《おとこおんな》に限り無い〳〵。言葉は道の肥、言葉たんのうは道の肥〳〵。（中略）第一言葉愛想、満足は言葉に限る。たゞ言葉と言うた処が、第一人に愛想たんのう知らずしては、道失うて了《しま》う〳〵。見習え〳〵。上から言葉掛けて優しいは道。
（明治三十四年六月十四日）

お道を信仰する者は「年取れたる又若き者」も「言葉第一」である。「優しい言葉」をかけることの大切さを諭される。また、「愛想」は「男という女という男女に限り無い」ということも心に銘記しておく必要がある。

以上、逸話「言葉一つ」を手がかりとして、お道の信仰と言葉の関わりについて考察してきた。「皆《み》んな勇ましてこそ、真の陽気という」と教えられるように、私たちは人をたすける心から、「言葉一つ」によって人びとを勇ませ、世界たすけへの道を辿らせていただくことが大切である。そのためには、私たちは日々、心のほこりを払って、心を澄ませ、親神にもたれて通ることが肝心である。そうすると次第に、私たちの心の地平は、日常の意味世界からお道の信仰の意味世界へと深まっていき、何を見ても何を聞いても、すべては喜びのままに受けとれるようになる。親神の守護によって「生かされて生きている」ことの意味がよく心に治まり、人をたすける心になることができる。ここに、日々の生活における「言葉一つ」が、人びとの心を勇ませることになり、そのことが世界たすけへとつながっていく。

第九章　身上・事情に込められた意味

長い人生において、自分の思いに反するさまざまなことがらが生起する。病気になりたくないと思っているのに病気になったり、人間関係においてさまざまな事情のもつれが生じたり、思わぬ不時災難に出合ったりする。こうした身上・事情は、私たちの常識の地平からみれば、決して存在してほしくないものであり、ネガティヴ（否定的）な意味しかもたないであろう。ところが、生の根源の地平において捉えかえせば、これらはすべて、自らの生の本質を深く理解するうえで大変重要な意味をもっている。

それでは、日々の生活において私たちが経験する身上のさわり（病い）や事情のもつれには、どのような意味が込められているのであろうか。本章では教義学の視座から、身上・事情に込められた意味を考察し、さらに特に身上のさわりに焦点を絞って、その根源的意味を掘り下げて探究したい。

一　「世界は鏡」

教義学の視点からみれば、私たちが体験する身上・事情のすべてには、人間世界を創造された「元の神」「実の神」である親神の深い親心が込められている。そのことを自覚することによって、私たちの心は人間存在の本来的なあり方、すなわち「陽気ぐらし」の人生へと大きく意味転換することができる。お道の信仰において、「身上・事情は道の花」といわれるのは、こうしたコンテクスト（脈絡）においてである。この道の教理によれば、「世界は鏡」と教えられる。

みなせかいのむねのうち　かゞみのごとくにうつるなり　六下り目　3

身の内かいゝゝゝゝ、かしものや、かりものや、心通り皆世界に映してある。（明治二十一年一月八日）

世界にはいかなる事も皆映してある。それ世界に映る。世界は鏡や。皆々めん〳〵心通りを身の内へ皆映る。（明治二十二年二月四日）

私たちの心は、ちょうど自分の姿が鏡に映るように、この存在世界に映る。すなわち、私たち各自の身の内に映るばかりでなく、私たちの周りに生起することがらすべてにも心通りに映ると教えられる。生起する身上のさわりや事情のもつれはすべて、救済論的にいえば、私たち人間の心の反省を促される親神の深い親心の現われである。それらは「おふでさき」において、親神の「てびき（手引き）」「ていり（手入れ）」「みちをせ（道教え）」「いけん（意見）」「さねん（残念）」などの言葉でもって教示されている。

なにゝてもやまいいたみハさらになし　神のせきこみてびきなるそや　二 7
とのよふな事もやまいとをもうなよ　なにかよろづハ月日ていりや　十 68
しやんせよやまいとゆうてさらになし　神のみちをせいけんなるぞや　三 138
とのよふなせつない事がありてもな　やまいでわないをやのさねんや　十四 77

私たちが一般的に言う病気、すなわち身上のさわりも、後で詳述するように教義学の視座から捉えなおすと「やまい（病い）」ではない。私たちの心を誠真実の心へと入れ替えさせるために示される親神の「てびき」なのである（註1）。この点をいっそう深く理解するために、「おふでさき」のお言葉を挙げよう。

いかほどにむつかし事とゆうたとて　わが心よりしんちつをみよ　五 76
この心すむしわかりた事ならば　そのまゝみゑる事であるなり　五 77
せかいぢうをふくくらするそのうちわ　一れつハみなもやのごとくや　六 14
にち〳〵にすむしわかりしむねのうち　せゑぢんしたいみへてくるぞや　六 15

日常経験的な知、すなわち常識からみれば、病気になったり事情に苦しんだりしている者が喜べるはずはない。ところが、それがどのように難しいことであるにしても、身上・事情に込められた元なる親神の親心に目覚めて心を入れ替えることで、心が次第に澄むようになる。ちょうど目の前にかかっている靄《もや》が晴れるように、生の根源の地平において、親神の十全の守護の理、「かしもの・かりもの」の理、自らの存在の根拠である「いんねん」を、心底からしみじみと納得することができるようになる（註2）。以前であれば喜べなかった事柄も心から喜べるようになり、心がますます勇んでくる。親神はその心を受け取って、自由自在の理を見せてくださる。「おふでさき」において、

いまゝでハとんな心でいたるとも　いちやのまにも心いれかゑ　十七 14
しんぢつに心すきやかいれかゑば　それも月日がすぐにうけとる　十七 15

と記されているように、親神は、私たちの心次第に不思議なたすけを見せてくださる。大難は小難に、小難は無難へと導いてくださるのである。私たちの周りに生起する人間の知見を超えた「ふしぎ（不思議）」には、私たち人間を生の本来的なあり方へいざなおうとされる親神の深い思いが込められている（註3）。

二　「ふしから芽を吹く」

身上・事情に込められた深い意味について、原典においては、私たち人間の親が子供を思う情に照らして諭されている。

にんけんもこ共かわいであろをがな　それをふもをてしやんしてくれ　十四 34
にち〳〵にをやのしやんとゆうものわ　たすけるもよふばかりをもてる　十四 35

神の子供皆可愛《かわ》い。人間事情の理に諭し置こう。幾名皆可愛い理であろう。難儀さそう、不自由さそう親は無い。

（明治二十二年十一月一日）

身上や事情は、私たちにとって苦しみや悩みの事柄である。しかし、親神にとって「神の子供」である人間は「皆可愛い」ので、何とかしてたすけたいとの親心ばかりである。決して「難儀さそう、不自由さそう」ということはない。このように「おさしづ」において、繰り返し何度も諭されている。生の根源の地平からみれば、いかなる身上のさわりや事情のもつれも、私たち人間をどうにかしてたすけたいとの親心に基づく、根源からの救済への手引きなのである。

人生においては、幾重の身上や事情にだれもが出くわす。この道の信仰では、それらは「ふし（節）」であると教えられる。たとえば、竹を思い浮かべてみよう。地上に芽を出す竹がまっすぐに生長すると、節が出来てくる。節はとても固い。ところが、固い節があるからこそ、その節から新しい芽が次々と出て、竹はぐんぐんと大きくなっていく。こうしたイメージと重ね合わせるかたちで、「おさしづ」では次のように諭されている。

ずつない事はふし、ふしから芽を吹く。やれふしや〳〵、楽しみやと、大き心を持ってくれ。
（明治二十七年三月五日）

たとえ、どのような「ずつない事」（つらく苦しいこと）、すなわち「ふし」に出くわしたときにも、私たち人間の元なる親である親神にしっかりともたれて心勇んで通らせていただく。日々「やれふしや〳〵、楽しみやと、大き心を持って」生活させていただく。その誠真実の心を親神は必ず受け取ってくださり、身上・事情という「ふし」をとおして大きな喜びの姿へと導いてくださる。私たちは身上・事情という「ふし」を一つの契機として、人間存在の生の根源に目覚め、自らの存在根拠である元のいんねん、および個人のいんねんを自覚的に理解することができるようになる。

三　病いの根源的意味へ

ここでは身上・事情に込められた意味をいっそう深く掘り下げて理解するために、特に身上のさわり、すなわち「病い」に焦点を当てながら考察を行うことにしよう。病いについて「みかぐらうた」には、次のような含蓄深いお歌がある。

なんぎするのもこゝろから　わがみうらみであるほどに　十下り目　7
やまひはつらいものなれど　もとをしりたるものハない　十下り目　8
このたびまでハいちれつに　やまひのもとハしれなんだ　十下り目　9
このたびあらはれた　やまひのもとハこゝろから　十下り目　10

「なんぎするのもこゝろから」とか「やまひのもとハこゝろから」というお歌に示されているように、病いの根本の原因は、私たち自らの心遣いにあると諭されている。「病いは気から」という古い諺《ことわざ》が一般的によく知られている。「やまひのもとハこゝろから（病いの元は心から）」というお言葉は一見、「病いは気から」という諺とよく似ていて、同じような意味あいのようにみえるが、その意味内容は全く違っている。病いというものは、だれにとっても大変つらいものであるが、それは一般にいわれる、いわゆる病気ではないと教えられる。私たち人間存在は生命の源たる親神の守護によって生かされて生きている存在である。したがって、生の根本構造を理解することは、病いの意味を理解するうえで不可欠であろう（註4）。

この世界は「神のからだ」であると教えられる。親神天理王命は、この人間世界を創造され、また人間をはじめ、生きとし生けるものすべてを守護されている「元の神」「実の神」である。この世界はまさに親神の守護の世界なのである。「おふでさき」において、

たん〳〵となに事にてもこのよふわ　神のからだやしやんしてみよ　三　40・135

と記されているところである。この世界には、親神の十全の守護が充ち満ちている。私たち人間をはじめ、生あるものすべては、親神の懐の中に抱かれ、限りない守護に包まれて「生かされて生きている」のである。「おさしづ」には、

人間というものは、身はかりもの、心一つが我がのもの。たった一つの心より、どんな理も日々出る。
（明治二十二年二月十四日）

と諭されている。

私たち人間の身体は、親神からの「かりもの」であるが、「心一つが我がのもの」として心の

自由を許されている。ところが私たち人間は、親神から心の自由を与えられて生活するうちに、親神の思召を見失って、とかく自分の知恵や力でもって生きているように思っている。自分の身体は自分のものであり、思いどおりに使えるものだと思い込んでいる。しかし、いったん病床に臥すようになると、自分の身体を思うように動かすことができなくなってしまう。自分の身体が自分のものであって、自分のものでないことに気づくことになる。そうしたときこそ、自らの存在の真のあり方、すなわち、親神の守護に包まれて生かされて生きているということ、「陽気ぐらし」という本来的なあり方をみつめなおす絶好の契機となる。そして、親神とその守護の理が自覚できるようになるにつれて、自らの心の置きどころが深まり、世界それ自体に変わりはなくとも、心に映る世界が変わる。それは、私たちが自分の知恵や力でもって「生きている」という生の日常経験的な地平から、親神の守護に包まれて「生かされて生きている」という生の根源の地平へと、自らの心が少しずつ深まっていくことを意味している（註5）。

四　「やまいとゆうてさらになし」

私たちの心の地平が、存在世界の日常経験的な地平から、存在世界の根源的な地平へと深まるにつれて、私たちは自らの生の深み、すなわち「かしもの・かりもの」の理を理解することができるようになる。そのとき、病いの本質的な意味が把握できることになる。このことは、病いの意味には二重性があること、すなわち、病いには日常経験的な意味と根源的な意味があることを示唆している。存在の地平が深まるにつれて、私たちの心は次第に親神の守護の世界へと開かれていく。それに伴って、病むことの現象の日常経験的な意味とは違う、本質的な意味が自覚できることになる。そのとき、病いの日常経験的な意味は、存在世界の根源的な地平から捉えかえされる。

日常経験的な意味における病気は、医学的にみれば身体の生理的な異常であり、正常の機能が営めなくなることである。身体の具合が悪いと、医学的にいろいろと病名をつけられ説明される。私たち現代人にとって、そうした医学的な説明は実に説得力がある。病気になると、私たちは医者に診てもらうとともに、治療のために処方される薬を飲む。ちなみに東洋医学では、病いは気の流れの異常やアンバランスとして捉えられている。また病気になれば、だれもがとかくいろいろと先案じをして心配する。「おふでさき」において、

よろづよのせかい一れつみハたせよ　やまいとゆうもいろ〱にある　　九　33

いまゝでハやまいとゆへばいしやくするり　みなしんバいをしたるなれども　六 105

と諭されているところである。医薬はたとえば、作物を育てるのに、田の雑草を取り除いたり肥料を置いたりするようなもので、修理や肥に当たる。医薬が修理肥であるということでは、それらは言うまでもなく、病気の治療にとって大変大切なものである。しかし、生の根源の地平から捉えかえすと、いわゆる病いをご守護いただけるのは、親神の十全の守護があればこそなのである。

病いは伝統的に庶民信仰レベルにおいて、しばしば神霊などの祟りによって引き起こされるものと考えられてきた。拝み祈禱《きとう》などの伝統的な宗教儀礼や慣習は、病いや災いの原因である神霊の祟りを排除するために行われてきた。庶民信仰のこうした側面は、「おふでさき」において次のように記されている。

たすけでもをかみきとふでいくてなし　うかがいたてゝいくでなければど　三 45

いまゝでハいかなる神も山〳〵に　をがみきとふとゆうたなれども　六 26

これらのお歌で諭されているように、従来、拝み信心や祈禱によって、病いが治るという信仰が一般的にみられた。ところが、親神によるたすけは、そのようなものではない。「おふでさき」において、

たすけでもあしきなをするまでやない　めづらしたすけをもているから　十七　52

と記されているように、親神のたすけは、ただ「あしきなをする」（病いを治す）という身上たすけに留まるのではない。親神のたすけによって、これまでだれも見たことも聞いたこともないような「めづらしたすけ」が実現されるのである。さらに「おふでさき」には、一般的にいわれる病いを「病いと思うな」、あるいは「病いではない」と繰り返し諭されている。こうしたお言葉をとおして、私たちは病いに込められた根源的な意味の理解へといざなわれることになる。

このよふにやまいとゆうてないほどに　みのうちさハりみなしやんせよ　二　23
なに、てもやまいとゆうてさらになし　心ちがいのみちがあるから　三　95

どのよふな事でも神のする事や　これをやまいとさらにをもうな　六　22
このたびのなやみているをやまいやと　をもているのハこれハちがうで　十一　25
こればかりやまいなぞとハをもうなよ　月日ぢうよふしらしたいゆへ　十一　26
とのよふな事でも月日する事や　いかな事でもやまいでわない　十四　20
みのうちにとのよな事をしたとても　やまいでわない月日ていりや　十四　21

この世界には、私たちが身体を病むという現象が実際に存在している。ところが、それは存在の根源の地平からみれば、一般に言われるような「やまい」ではなく、「神のする事」「月日する事」であり、「月日ていり」（月日親神の手入れ）であると教えられる。「おふでさき」のこうしたお言葉には、病むという現象を把握するうえで、視座の根本的な転換がみられる。それは自分の知恵や力で「生きている」という地平から、親神の守護によって「生かされて生きている」という地平への深化である。原典におけるこうした表現は、「やまい（病い）」という日常語の深みに伏在している存在世界の本質、すなわち、この世界が親神の守護の世界であることを示唆している。

ふだん日常生活の中で、私たちが使っている言葉は、意味論的にいえば日常経験的なレベルにおいて、社会制度化された意味世界を構成している。いわゆる「やまい」も、そうした日常的な意味世界を構成する語の一つである。「やまい」という日常語をとおして、病むという現象はふだんその実在性を獲得している。しかし原典では、日常経験の成立する意味の場を超えた意味世界において、すなわち親神の守護の世界において、病むという現象の本質が明らかにされている。それは病いではなく、「神のする事」「月日する事」あるいは「月日ていり」であると諭されている。人間存在の根源的な地平から、語の意味をいわば組み換えることによって、病むという現象に込められた真の意味が開示されているのである。

五　身上のさわりと心

病いに関する意味の根本的な組み換えをとおして、首尾一貫して教示されているのは、いわゆる病いは、親神がその親心を人間に伝えるために現わされるものであるということ、すなわち、親神の「てびき」あるいは「ていり」であるということである。それをとおして、親神は私たちに対し、親神による人間世界創造の真実、すなわち「元の理」の理解を促され、さらに、たすけ一条の道としての「つとめ」を急き込まれるのである（註6）。

「てびき」あるいは「ていり」という語には、救済論的な意味あいが込められている。すなわち、病いを「てびき」あるいは「ていり」として、親神は私たち人間が「陽気ぐらし」という生の本来的なあり方、親神の守護によって生かされて生きているという真実に気づき、また自覚できるように語りかけられている。つまり、身上のさわりをとおして、親神は私たちが心を入れ替え、心を磨きあげることができるように導いてくださる。「病いの元は心から」と教えられるように、心の「ほこり」を払うことによって、心を入れ替えるとき、病いの根を切ってくださるのである（註7）。「おふでさき」においては、次のように諭されている。

にち〳〵にみにさハりつくまたきたか　神のまちかねこれをしらすに　四 13
いかなるのやまいとゆうてないけれど　みにさわりつく神のよふむき　四 25
よふむきもなにの事やら一寸しれん　神のをもわくやま〳〵の事　四 26

親神は身上にさわりをつけて、「陽気ぐらし」という生の本来的なあり方へと導かれる。身上のさわりを一つの契機として、親神は、私たち人間が心を澄まし成人することを「まちかね（待ちかね）」ておられる。身上にさわりを見せられるのも、親神の「よふむき（用向き）」なのである。

どのよふなさハりついてもあんぢなよ　月日の心ゑらいをもわく　十一 3

とも記されているように、身上にどのようなさわりを見せられても、親神の心には「ゑらいをもわく」、すなわち、私たち人間を「陽気ぐらし」へ導きたいとの大きな思召がある。親神は病いをとおして、私たち人間が心の「ほこり」を払い、心を改め磨きあげることを促されているのである。そのことについて「おふでさき」には、次のように諭されている。

しらしたらあらハれでるハきのどくや　いかなやまいも心からとて　一 24
なにゝてもやまいとゆうてさらになし　心ちがいのみちがあるから　三 95
このみちハをしいほしいとかハいと　よくとこふまんこれがほこりや　三 96
せかいぢうどこのものとハゆハんでな　心のほこりみにさハりつく　五 9

「いかなやまいも心からとて」と教示されているように、心の問題を解決することの必要性が示唆されている。私たち人間には、親神の深い思召に沿わない「心ちがいのみち（心違いの道）」がある。「心違いの道」とは、心の「ほこり」を積むことである。私たち人間は、だれもが知らず識らずのうちに、親神の思いに沿わない自己中心的な心遣い、すなわち心のほこりを積みがちである。そうすると、それが「みにさハりつく（身に障り付く）」ようになる。心は本来の明るさを失い、次第に濁って、「みのうちさハり（身の内障り）」となる。一般的に病いといわれているものは、親神が私たち人間の心得違いを知らせて反省を促し、心の成人への転機を与えるために、身上に見せられる「さハり」なのである。

このよふにやまいとゆうてないほどに　みのうちさハりみなしやんせよ　二 23
このさきハあゝちこゝちにみにさハり　月日ていりをするとをもゑよ　八 81
にち／＼にみのうちさハりついたなら　これハ月日のていりなるかよ　十 71

「さハり（障り）」は、親神がそれによって私たち自らの心を澄みきらせ、たすけを急き込まれる「月日ていり（手入れ）」「月日のていり」である（註8）。親神は身上にさわりを付けることによって、私たち人間の心得違いを知らせ、心に「ていり」をしてくださる。それは「おふでさき」において、親神の「みちをせ（道教え）」「いけん（意見）」「ざねん（残念）」「りいふく（立腹）」などの語によっても、しばしば表現されている。この点について「おさしづ」には、

病というはすっきり無いで。めん〳〵の心が現われるのやで。
（明治二十年九月五日　山田伊八郎へおさしづ）

身上悩む〳〵。身上悩むやない。心という理が悩む。身上悩ますは神でない。皆心で悩む。
（明治三十四年一月二十七日　村田かじ昨晩より腹痛に付願）

と記されている。また、こうした点について「こふき話」の十六年本（桝井本）には、次のように記されている。

これまで《迄》わ、人間にやまい《病》とゆゑ《云》は《ば》、いし《医師》、くすり《薬》、をかみ《拝》きとふ《祈禱》とゆう《云》てい《居》たれども、人間にわやまい《病》ないものなれど、人間にわ八つのこゝろゑ《心得》ちが《違》のみち《道》あるゆゑ《故》に、やまい《病》のもと《元》わこゝろ《心》からとゆう《云》なり。……十五歳よりの、みぎ《右》八ツのこゝろゑ《心得》ちがい《違》をしん《真》しつ《実》よりさんげして、こののち《此後》わ、きよふげん《虚言》とついしよふ、よくにこふまんなきよふ《様》に

して、人をたすけるこゝろ《心》といれかゑて《入替》ねがゑ《願》ば、そのこゝろ《心》を神がうけとりて《受取》、よろつたすけをするなり。（註9）

ちなみに、十五歳までの子供の身上のさわりは、親神がその親の「ほこり」を子供に現わされたものであると教えられている。

六　身上に現わされる親神の思召

一般的にいわれる病いは、日常経験的な意味における病いではなく、親神の「てびき」である。心さえ澄みきれば、身上は速やかにご守護くださる。この点については、「おさしづ」でも繰り返し何度も教示されている。「おさしづ」では、「身の内障る」「身上（に）障る」「身に障り付く」、あるいは「身に現われる」「身に迫る」「身（上）に掛かる」「身上に印付ける」「身に付く」「身上に悩み掛ける」などの表現によって、そのことを諭されている。たとえば、

いかなる心、真実運ぶ処、身の内障り、どういう事か。国々先々、いかなる事、身の内自

由現われてある。皆神の自由……。

（明治二十年七月十四日　諸井國三郎埼玉県幡羅郡東方村にて身上障り、おぢばへ登参の上願）

さあこれから先は、心次第でいつ〳〵までも連れて通る。今までの処皆受け取って居る。これを諭したいから身に障り付けた。

（明治二十四年三月二十二日　鴻田捨菊願　外一人尋ねようとするに付）

一つの心が身に付き、何処も悪いのやないで。病でもない。心澄み切れば、そのまゝ何にも難しい事は無い。

（明治二十年三月　梶本松治郎父上身上の御願）

身の不足思うて尋ねる処、諭し置こう。身はかしもの、心一つ我がものと。神は不足な身上は貸したやない。身上に不足あると思うは違う。皆心の不足を身に現われるのや。心さい速やかならば、身に不足は何にも無きものやで。

（明治二十一年九月頃　松田虎太郎肺病に付伺　補遺）

諭す事出け難ないから、あちらにも一寸こちらにも一寸、身上に印付けたる。

（明治三十二年六月二十七日　昨日増野正兵衛身上のおさしづより一同協議の上願）

「これを諭したいから身に障り付けた」「心の不足を身に現われる」「一つの心が身に付き」な

どと記されているように、身上を病むのは心の悩みや不足が身上に現われるからである（註10）。そこで、「身はかしもの、心一つ我がもの」であることを心にしっかりと治め、日々、陽気づくめに心勇んで通るようにと諭されている。つまり、「一つの心が身に付き、何処も悪いのやない」。いわゆる病いは「病でもない。心澄み切れば、そのまゝ何にも難しい事は無い」のである。「おさしづ」では、「身上からさしづ」「身上から諭したる」「身上から知らし置こう」「身上より知らす」「身上に知らす」「身の処で知らす」などとも諭されているが、身上のさわりは、私たち人間のたすけを急き込まれる親神の「さしづ」「諭し」「知らせ」なのである。

さあ〳〵尋ねる事情〳〵、身上の処どうであろう、思う処よう聞き分け。身上から一つ理があれば、どんな事も聞き分けにゃならん。第一は身上から聞き分けにゃ分からんで。あゝという時定めにゃならんで。小人案じる事要らん。万事聞き分け。

（明治二十五年五月一日　山本利三郎小人利正身の処願）

親神の深い思召を、身上から「聞き分け」るようにと教えられる。さらに、身上のさわりについて、「おさしづ」では繰り返し何度も「案じる事要らん」、あるいは「案じてはならん」などの言葉でもって、親神にもたれて通るようにと諭されている。教祖の逸話の中には、病いに関するこうした教えを具体的に示している話が数限りなく残されている。それらの中から、二、三の逸話を取り上げてみよう。

文久元年、西田コトは歯痛のために、教祖のもとへ帰らせていただいた。そうすると、教祖は「よう帰って来たな。待っていたで」とのお言葉の後、「一寸身上に知らせた」と言われ、親神のお話をされ、ハッタイ粉の御供を下された。お話を聞かせていただいて、家へ帰るころには、歯痛はもう全く治っていた。しかし、そのまま四、五日詣《まい》らずにいると、今度は目が激しく疼《うず》いてきた。早速、お詣りして伺うと、教祖は「身上に知らせたのやで」と仰せられた。有り難いお話をだんだんと聞かせていただき、拝んでいただくと、帰るころには治っていたという（註11）。この逸話では、病いのことを「一寸身上に知らせた」、あるいは「身上に知らせたのやで」と言われている。

また、次のような逸話もある。文久四年正月、山中忠七（当時三十八歳）の妻そのが、二年越しの痔の病いが悪化して危篤の状態となった。医者が二人まで「見込みなし」と匙《さじ》を投げた。そのとき、山中忠七がおぢばへ帰らせていただいて教祖にお会いすると、教祖は「おまえは、神に深きいんねんあるを以て、神が引き寄せたのである程に。病気は案じる事は要らん。直《す》ぐ救けてやる程に。その代わり、おまえは、神の御用を聞かんならんで」と言われたという（註12）。

さらに明治七年、増井りんはソコヒのために失明したが、不思議なご守護をいただいた。りんが早速、おぢばへお礼詣りしたとき、教祖は「さあ〳〵いんねん、いんねん、いんねん。神が引き寄せたのやで」と言われた。また「さあ〳〵いんねんの魂、神が用に使おうと思召《おぼしめ》す者は、どうしてなりと引き寄せるから、結構と思うて、これからどんな道もあるから、楽しんで通るよう。用に使わねばならんという道具は、痛めてでも引き寄せる」と諭されたという（註13）。

こうした逸話からも明らかなように、親神は身上にさわりをつけて、人びとをぢばへ引き寄せられる。いわゆる「さハり」は、私たちの心を反省させるとともに、親神が私たち人間を陽気ぐらしへ導かれる「てびき」あるいは「ていり」である。病いは人間存在の本質レベル、すなわち、親神の守護によって「生かされて生きている」という生の根源的な地平において捉えかえすとき、一般にいわれているような病いではなく、親神が人間をたすけたいとの思いから、身上に現わされる「てびき」なのである。

七　病いの意味を捉えかえす

親神が身上にさわりを見せられるのは、どうにかして私たち人間をたすけたいとの親心からである。身上のさわりに込められた親神の親心を理解することによって、私たちは生きていることの根源的な意味を自覚し、親神の思いに沿った生き方へと立ち返ることができるようになる。

せかいぢうどこのものとハゆハんでな　心のほこりみにさハりつく　五 9
みのうちのなやむ事をばしやんして　神にもたれる心しやんせ　五 10
どのよふなむつかし事とゆうたとて　神のぢうよふはやくみせたい　五 11
いまゝでハ神のぢうよふしんぢつを　しりたるものさらにないので　五 12
これからハいかなむつかしやまいでも　心したいになをらんでなし　五 13
しんぢつの心を神がうけとれば　いかなぢうよふしてみせるてな　五 14

このように「おふでさき」において教示されているように、「みのうちのなやむ事（身の内の悩む事)」をとおして、親神が知らせてくださっていることをよく思案させていただき、また心の「ほこり」を払い、心を入れ替え磨き上げて、親神にもたれて通らせていただく。そこに親神の自由自在のたすけをいただくことができる。生の根源の地平から、いわゆる病いの意味を捉えかえすとき、どのような病いであっても、そこには私たち人間のたすけを急き込まれる親神の深い親心が込められている。したがって、病いに込められた親神の思召をしっかりと心に治め、親神にもたれて通らせていただくことが肝心なのである。

第十章　生の根源の自覚と信仰

人生において出くわすさまざまな身上・事情は、救済論的な視座からみれば、私たちの心の反省を促される親神の「てびき（手引き）」である。身上・事情という「ふし」をとおして、私たちは自らの生の根源、すなわち親神の十全の守護の理、「かしもの・かりもの」の理に目覚め、自らの存在根拠である「元のいんねん」および個人の「いんねん」を自覚的に理解することができる。

天理教の教えにおいて、「いんねん」の語は原典の表現にしたがって平仮名で表記される。あえて漢字に当てはめると「因縁」となるが、お道の教理における「いんねん」の意味は、とかく一般的にいわれる「因縁」の意味と同じものではない。「因縁」の語は元来、仏教語の一つであったが、次第に日常慣用語の一つになった。「因縁」の語は周知のごとく、ものごとの定まった運命というような、なんとなく運命論的な暗い意味をもっている。

こういう一般的に暗い悲観的な意味をもつ「いんねん」の語を、教祖はこの人間世界の真実、私たち人間存在の本質的なあり方を説き明かすのに使われた。教祖が説かれた「いんねん」は、いわゆる「因縁」と同じ音の語でありながらも、その語に込められた意味は、従来の仏教語や日常慣用語がもっている意味と意味論的に全く違っている。ところが従来、お道の信仰においても「いんねん」の語を仏教語や日常慣用語でいうネガティヴ（否定的）な意味あいに引き付けて捉えてきたきらいがある。原典における「いんねん」の教理が、原典の論理に沿って理解されるというよりは、むしろ信仰者の具体的な生き方の中で、自らのいんねんを悟りとるというかたちで理解されてきた。つまり、「いんねん」の教理に込められた深い意味が、いわば仏教的あるいは日常慣用的な意味のコンテクスト（脈絡）の中で解釈されてきたのである（註1）。

それでは、天理教における「いんねん」の語には、どのような意味が込められているのであろうか。また「いんねん」の教理は、「かしもの・かりもの」や「たんのう」などの教理と、どのように意味連関しているのであろうか。この最終章では、こうした問題意識から前章までの考察を踏まえ、天理教における「いんねん」の教理とその意味を考察しながら、私たち人間存在の生の根源的意味を探究していきたい。

一　「元のいんねん」と個人の「いんねん」

お道の教えにおける「いんねん」の語はそれ自体、善悪の意味をもっていない。その点について「おさしづ」では、次のように諭されている。

いんねんと言うても、白《はく》いんねんもある、悪いんねんもある。（明治三十一年九月三十日）

世界にもどんないんねんもある。善きいんねんもあれば、悪いいんねんもある。（明治二十八年七月二十二日　補遺）

また教祖から直接、話を聞いた先人の教話が纏《まと》められている『正文遺韻抄』には、次のように記されている。

いんねんといふは、ぜんしやうばかり、いんねんといふやない。わるきばかりが、いんねんやない。（註2）

お道の教理における「いんねん」の語は、「ぜんしやう（前生）ばかり」や「わるき（悪き）ばかり」を意味しているのではない。その語は、仏教的あるいは日常的な意味における「因縁」がもっているネガティヴで悲観的な意味あいをもっていないのである。したがって、仏教的あるいは日常的な意味における「因縁」と区別して、「いんねん」の意味を理解することが肝心である。

私たちの存在根拠である「いんねん」は、「元のいんねん」と個人の「いんねん」とが重なり合う、いわば二重構造を成している。私たち人間の「元のいんねん」とは、人間存在が創造された根源的で普遍的な存在根拠を意味している。根源的で真実の神である親神は、私たち人間の「陽気ぐらし」を楽しみに人間世界を創造され守護されてきた。「おふでさき」において、

　月日にわにんけんはじめかけたのわ　よふきゆさんがみたいゆへから　十四　25

と諭されているところである。つまり、「陽気ぐらし」こそが人間存在の生の本来的なあり方、「元のいんねん」なのである。さらに私たち人間存在には、普遍的な「元のいんねん」のうえに個人的な存在根拠が重なり合っている。それは個人の「いんねん」と呼ばれるもので、私た

ちに許された心の自由と不可分な関係にある。個人の「いんねん」の意味は、「元のいんねん」に込められた親神の深い思いに照らして理解することが大切である。

こうした「いんねん」の意味を掘り下げて理解するために、まず、「おふでさき」に記されている「いんねん」の語について検討することにしよう。「おふでさき」には、「いんねん」の語は十三のお歌において用いられている。ここで注目すべき点は、それら十三のお歌のうち、十一のお歌が「元のいんねん」に関連していることである。

きゝたくバたつねくるならゆてきかそ　よろづいさいのもとのいんねん　一 6

二二の二の五つにはなしかけ　よろついんねんみなときゝかす　三 147

どのよふなところの人がでゝきても　みないんねんのものであるから　四 54

にんけんをはじめだしたるやしきなり　そのいんねんであまくたりたで　四 55

けふの日ハなにかめづらしはじめだし　よろづいんねんみなついてくる　四 60

いんねんもをふくの人であるからに　とこにへだてハあるとをもうな　四 61

月日より三十八ねんいぜんにて　あまくだりたる元のいんねん　七 1

月日よりそのいんねんがあるゆへに　なにかいさいをはなしたいから　七 2

この月日もとなるぢばや元なるの　いんねんあるでちうよぢさいを　八 47
月日よりひきうけするとゆうのもな　もとのいんねんあるからの事　十一 29
いんねんもどふゆう事であるならば　にんけんはぢめもとのどふぐや　十一 30

これらのお歌では、「いんねん」「よろづいさいのもとのいんねん」「元のいんねん」「元なるのいんねん」などの語によって、私たち人間の根源的な存在根拠が示されている。これらのお歌が教示している教えの根本は――月日親神が元のぢばにおいて、私たち人間に「陽気ぐらし」をさせたいとの思いから人間世界を創造された。「元のいんねん」とは「陽気ぐらし」という人間存在の本来的なあり方である、ということである。そうした「よろづいさいのもとのいんねん」を、親神は約束の年限を待って教祖を「月日のやしろ」として天降《あまくだ》られ、直々に「なにかいさいをはなし」（真実のすべてを話し）てくださったわけである。

また「あまくだりたる元のいんねん」の言葉が示唆しているように、「元のいんねん」は親神の根源的啓示の三つの根本的ないわれ（「いんねん」）をも意味している。それらは、元のぢばに「元なるのいんねん」がある、というやしきのいんねん、また教祖には人間創造の際、元の母親の魂のいんねんがある、という教祖魂のいんねん、さらに約束の年限が到来した、という旬刻限の理である。それらすべては本質的に「元のいんねん」に根ざしている（註3）。私たち人間はどこにも隔てなく「みないんねんのもの」である。私たちすべての存在には、「陽気ぐらし」という親神の深い思いが込められており、だれもがみんな、その「元のいんねん」を本来的にもっている。

「おさしづ」には、「元のいんねん」の語そのものは出てこないが、それに類する「いんねん」について次のように諭されている。

　神一条世界一つの道、たゞ一つの道を始め掛け。だん〱いんねん〱の理を以て始め掛けたる理という。十分理を聞き分けてくれねばならん。（明治二十二年八月二十一日）

この世界は「だん〱いんねん〱の理を以て始め掛け」られた、すなわち「元のいんねん」に根拠づけられていることが諭されている。「おふでさき」に出てくる「いんねん」がほとんど、私たち人間の本来的なあり方である「元のいんねん」を意味しているのに対し、「おさしづ」には「元のいんねん」に関連したおさしづがきわめて少ない（註4）。

一方、「いんねん」に関するおさしづのほとんどが、いわゆる個人の「いんねん」に関連している。この点は「おさしづ」の特徴の一つである。このことは「おふでさき」と「おさしづ」という原典の特質の違いを反映している具体例の一つである。それは「おふでさき」が心に治めておくべき教えの大切なかどめを、教祖が筆を執って書き記されたものであるのに対し、「おさしづ」は「刻限御話」や「伺いのさしづ」をとおして諭された実践的な教理、すなわち親神の補足的な教示であるからである（註5）。

原典学の視点からみれば、「おさしづ」における「いんねん」の諭しは、「おふでさき」における「元のいんねん」の教理を前提にして説き分けられている。陽気ぐらしという「元のいんねん」に根ざした「いんねん」の教理が、仏教的あるいは日常慣用的な「因縁」の意味するものと全く違っているのは、おのずと明らかであろう。

二　「いんねんというは心の道」

私たち人間はすべて、親神によって「陽気ぐらし」という生の根源的かつ普遍的な存在根拠を与えられている。それが「元のいんねん」である。その「元のいんねん」のうえに個人の「いんねん」が形成されている。「おさしづ」においては、

いんねんというは心の道、と言うたる。心の道と言うたるで。（明治四十年四月八日）

と諭されている。個人の「いんねん」は私たち自身の「心の道」である。それは私たちの心が前生をも含めて、これまで辿ってきた道であり、またこれから来生へ向けて辿っていく道でもある。自らの心遣いによって自分自身の「いんねん」がこれまで形づくられてきたし、これから先も形づくられていく。私たちの心遣いは、たとえ親子であっても、また兄弟姉妹であっても、それぞれ異なっている。そのために、個人の「いんねん」もそれぞれ個人によって違っている。ただし、個人の「いんねん」はすべて根源的に「陽気ぐらし」という「元のいんねん」に根ざしている。

この道の教えにおいて個人の「いんねん」は、とかく仏教の教えとともに日常慣用的に理解されている「因縁」のように、「その人のあとをつけまとう影のごときもの」ではない。それは「主体的なその人に実践の基礎を与えるもの」である。「その人の実践を媒介として、あるいはより明るい、あるいはより暗い明日が到来する」のである（註6）。

私たちは「いんねん」の教理とその意味を原典の論理に沿って、陽気ぐらしという「元のいんねん」との連関において理解することが肝心である。先に引用した「おさしづ」のお言葉に「善きいんねんもあれば、悪いいんねんもある」（明治二十八年七月二十二日　補遺）と諭されているように、「元のいんねん」の自覚に基づいて、私たちが親神の思いに沿った「心の道」を歩むとき、自らの「心の道」は「善きいんねん」へと現成する。

一方、陽気ぐらしという「元のいんねん」を自覚することなく、親神の思いに沿わない「心の道」を歩むとき、自らの心は「ほこり」によって、いわば濁り水のように本来の明るさを失うことになる。それがついには「悪いいんねん」となっていくと教えられる。「ほこり」の心遣いは日々の行いとなって現われるので、親神を「ほふけ（箒）」として絶えず心の掃除をすることが肝心である。

ところで、この「おさしづ」のお言葉において諭される「善きいんねん」と「悪いいんねん」の語は、日常経験的な知あるいは常識レベルでの善悪の価値判断で誤解しないように注意する必要がある。それらの語には、日常言語レベルの意味を超えた、親神の深い親心が込められているからである。

私たちの身体は「神のかしもの」であるが、心だけは「我がのもの」として心の自由を許されている。自らの心一つで、それが「元のいんねん」に沿った「善きいんねん」の種にもなるし、あるいは「元のいんねん」とは懸け離れた「悪いいんねん」の種にもなる。教祖から直接、話を聞いた先人の教話には、次のように諭されている。

いんねんといふは、ぜんしやうばかり、いんねんといふやない。わるきばかりが、いんねんやない。このよでも、十五歳よりこのかた、してきたことは、よきも、あしきも、みないんねんとなる。

さらに引き続いて、このように諭される。

ぜんしやうよきこととしてあれば、いんねんとなりて、このよであらはれるか、つぎのよであらはれるか、かならず、あらはれんといふことはない。あしきことも、そのとほりなれども、よきいんねんは、皆一れつよろこぶことゆゑ、すぐとあらはし、すぐとかやしてくださる。されど、あしきいんねんは、でけるだけのばしてゐるといふ。（註7）

「ぜんしやう（前生）［においで］よき（善き）こととしてあれば、いんねんとなりて」「かならず、あらはれんといふことはない」。また「このよでも、十五歳よりこのかた、してきたことは、よき（善き）も、あしき（悪しき）も、みないんねんとなる」のである。「おさしづ」において、

たった一つの心より、どんな理も日々出る。

（明治二十二年二月十四日）

と諭されているように、私たち自らの心遣いに応じて「どんな理も日々出る」。心一つから蒔いた種が芽生えて、「よき（善き）」ことも「あしき（悪しき）」こともすべて、日々現われることになる。日々現われてくる理、あるいは「いんねん」の意味をよく思案して、「たんのう」の心を治めさせていただく。そこに「悪いいんねん」は納消され、親神の親心によって陽気ぐらしへの生がおのずと開かれていく。

三　「心通り皆世界に映してある」

私たちの心遣いや「いんねん」は親神の自由自在の働きによって、この存在世界におけるいろいろな事柄、あるいは私たちの「身」すなわち身の内、身内、身の周りに映されていると教

えられる。「おさしづ」のお言葉を引用してみよう。

身の内かしものや、かりものや、心通り皆世界に映してある。（明治二十一年一月八日）

いんねんと言うて分かるまい。皆これ世界は鏡、皆人間生れ更わり、出更わりしても、心通り皆身に映してあるから、よく聞き分け。（明治二十一年二月十五日）

私たちの心遣いはすべて「心通り皆世界に映してある」と教えられる。私たちの「いんねん」も、心遣いと同じように世界の鏡に映してあると教えられる。ちょうど自分自身の姿が目の前の鏡に映るのと同じように、私たちの「いんねん」は「よき（善き）」ことも「あしき（悪しき）」こともすべて、この存在世界に映っている。「おさしづ」において、「見るもいんねん、聞くもいんねん」（明治二十三年九月二十七日）、また「聞くも見るもいんねんの事情がある」（明治二十三年十二月十八日）と諭されているところである。

たいていの人は身上・事情という「ふし」に出合ったとき、自らの存在根拠、すなわち「いんねん」を自覚する契機を与えられる。自らの「いんねん」が親神の深い親心に照らして、真に自覚的に理解されるとき、いかなる場合にも、心はおのずと明るくなり勇んでくる。「おさしづ」においては、次のように諭されている。

いんねんの理が分からねばどうもなろまい。かりものと同じ一つ理である。

（明治三十四年二月十日）

「いんねん」の自覚は、自らの生の根源的意味を自覚することと同じ意味あいである。つまり、私たちが親神の十全の働きに包まれて「生かされて生きている」という「かしもの・かりもの」の理を自覚的に理解することを意味している。「いんねん」の自覚をとおして親神にもたれ、心を根本的に神一条の心へと大きく転換することができるのである。

私たち人間の「いんねん」の二重構造、すなわち「元のいんねん」と個人の「いんねん」を心底から自覚することができたならば、私たちの生の本質的なあり方を生の根源の地平において理解することができる。この点については、「おさしづ」に次のように諭されている。

いんねんというは、どんな事もいんねんの為すものであろう。今一時分かり難《がた》ない。いんねん分かれば実際分かる。

（明治二十四年九月十八日）

いんねんから聞き分けば、どんな事も分かる。

（明治二十四年十二月二十五日）

親神は、私たちにとって好ましい「いんねん」を見せられる一方で、好ましくない「いんねん」も見せられる。私たちの心遣いはとかく自己中心性に傾きやすい。そのために、それぞれの「心の道」としての「いんねん」は、「ほこり」にまみれたものになり、それが結果的に親神の理に沿わない「いんねん」になる。その「いんねん」をそのままにしておくと、その「いんねん」があるために、これから先も「ほこり」を積みやすくなる（註8）。好ましくない「いんねん」を見せられるのは、それによって私たちの心の反省を促される親神の深い親心の現われなのであって、決して私たちを苦しめようとの思いからではない。「おさしづ」において、

難儀さそう不自由さそう親はあろうまい。救けたいは親の理。

（明治二十三年四月十六日　補遺）

とのお言葉でもって繰り返し何度も諭されているところである。親神は「救けたいは親の理」といわれるように、私たちをなんとかして「救けたい」との親心で、私たちの「陽気ぐらし」

を望まれている。つまり、「元の神」「実の神」である親神がさまざまな「いんねん」を見せられるのは、私たち人間を「元のいんねん」である陽気ぐらしへ導かれる「てびき（手引き）」なのである。

四　「たんのうは改めた心の理」

人生において、いかなる悩みや苦しみ、あるいは「いんねん」を見せられたとしても、それらはすべて私たちを陽気ぐらしへ導かれる親神の「てびき」である。このことを自覚し親神にもたれ、将来へ向かって心勇んで喜びの日々を生きる。お道の信仰においては、こうした心の治め方を「たんのう」と教えられる。

「たんのう」の語は大和方言に語源をもっている。大和方言としての「たんのうする」は、主に「満足する、満腹する、うんざりする」という意味であり、また「忍耐」とか「克服」の意に用いられることもある。このような日常的な意味をもつ「たんのう」の語に、お道の信仰的な意味あいを織り込んで「たんのう」の教理が教示されているのである（註9）。

実際、身上のさわりや事情のもつれに悩んでいるとき、「たんのう」の心を治めることは常識

的には難しい。ところが、「おさしづ」には、

> 日々の理を治めるなら、一つたんのうの理が無けりゃならん。たんのうは改めた心の理、もうすっきりごもくは払えた。（明治二十四年一月三十日）

と諭されている。親神の教えに照らして、これまでの自分勝手の心を入れ替え、心の「ごもく」をすっきりと払わせていただく。そのことによって、これまでの「心の理」を改めることができるようになる。「たんのうは改めた心の理」と教えられるように、教えの根本を理解して、真に「たんのう」の心を治める。それにつれて心はおのずと次第に澄んで、身上や事情に込められた親神の深い親心、生に込められた「いんねん」の意味が、生の根源の地平において理解できるようになる。

「おさしづ」では、ほとんどすべての身上さとしの場合、「たんのう」が強調されている。このことは身上のさわりに込められた意味を理解するうえで、「たんのう」がいかに大切であるかを示唆している。「元のいんねん」に根ざした自分の「いんねん」を自覚して、「たんのう」の心を治める。そのとき、親神はその誠の心を受け取って自由自在の守護をくださる。「おさし

づ」には、次のように諭されている。

たんのうが誠。たんのうが神が好く。受け取る。
（明治二十年　補遺）

ならん中たんのうするは誠、誠は受け取る。
（明治三十年十月八日）

「たんのう」とは「誠」であり、「たんのうが神が好く。受け取る」、あるいは「誠は受け取る」と諭される。親神の思いに沿って私たちが定める誠真実の心を、親神は必ず受け取ってくださるのである。身上のさわりというような、自分の思うようにならない状況において、成ってくる事柄を、たとえ喜んで受け入れることが難しくても、その中にあって、これから先に向かって親神の思いに沿った誠真実の心を定めさせていただく。それが「たんのう」の意味するところである。

どのような身上のさわりや事情のもつれの中にあっても、「元の理」に根ざした教えの根本をしっかりと悟らせていただくならば、身上・事情に込められている深い意味、すなわち、私たち人間をたすけたいとの親神の親心、生の根源的な意味が心底から理解できるようになる。「おさしづ」には、次のようにも諭されている。

身の切なみ悩みの処、たんのうは出けやせん。なれど、話聞いたら分かる。（明治三十二年三月二十三日）

成らん中たんのう、治められん処から治めるは、真実誠と言う。（明治三十年七月十四日）

「たんのうは出けやせん」と思われるほど、苦しくつらい中にあっても、親神にもたれ、教えの根本をしっかりと悟らせていただくと、おのずと「たんのう」の心を治めることができるようになる。「たんのう」の心を「治められん処から治めるは、真実誠」である。その「真実誠」の心は、親神が確かに受け取ってくださる。「たんのう」はまさに、この道の信仰の根幹をなす「かしもの・かりもの」の教理、および「いんねん」の教理を実践する心の本質的なあり方である。日々「たんのう」の心を定めることの大切さについて、「おさしづ」では次のように諭されている。

心に理を定めば、身は速やかのもの。難儀さそ、不自由さそという親は無い。幾名何人ありても、救けたいとの一条である。

さらに続いて、

善き種蒔けば善き芽が吹くも、世上見て一つのたんのうとの心定め。たんのうとの理を持ちて、案じる事は要らん。（明治二十一年六月）

すでに述べたように「難儀さそ、不自由さそという親は無い」と教示される。親神は、ただ「救けたいとの一条」である。したがって、「心に理を定め」る、すなわち「一つのたんのうとの心定め」をさせていただくとき、親神は「身は速やか」にご守護くださる。日々、親神にもたれ、「たんのう」の心で成ってくる理を喜びをもって受け取らせていただく。そうした誠の心こそが親神の思召にかなうものであり、そこに道はおのずと開かれていく。そこで「案じる事は要らん」と諭される。

五　「たんのう」は「前生いんねんのさんげ」

私たちは日々、親神の守護の世界において、さまざまな人間関係の中で生活している。お道の教えによれば、多様な人間関係の中でも、特に夫婦が人間関係の基本である。「みかぐらうた」の第二節において、「このよのぢいとてんとをかたどりて　ふうふをこしらへきたるでこれハこのよのはじめだし」と歌われているところである。人間関係の基本である夫婦は「せんしよ（前生）のいんねん」によって結ばれていると教えられる。「おふでさき」には、次のように記されている。

せんしよのいんねんよせてしうごふする　これハまつだいしかとをさまる　一 74

このお歌は、夫婦のあり方をとおして「前生のいんねん」の意味を教示されたものである。親神は「せんしよ（前生）のいんねん［を］よ（寄）せてしうごふ（守護）する」といわれる。夫婦が心を一つに治まっていくとき、それは「陽気ぐらし」の元になる。「みかぐらうた」において、

ふたりのこゝろををさめいよ　なにかのことをもあらはれる　四下り目　2

と諭されているように、夫婦の間で「ふたりのこゝろををさめ（二人の心を治め）」ることが肝心なのである。「おさしづ」では、「夫婦の中と言うてある。夫婦皆いんねんを以て夫婦という」（明治二十四年十一月二十一日）とも諭されている。夫婦という身近な人間関係の中に、自らの「前生のいんねん」が映されているのである。夫婦ばかりでなく、親子や兄弟姉妹も「前生のいんねん」によって結ばれていると教えられる。

いんねんという、親子兄弟いんねん無くしてなろまい。（明治三十四年三月二十六日　補遺）

親が子となり、子が親となり、（明治二十一年四月十六日）

親と成り子と成るは、いんねん事情から成りたもの。（明治四十年四月九日）

子供は親々の生まれ更わりであり、それぞれの「前生のいんねん」によって与えられている。「いんねん」の自覚の根本は「元のいんねん」に根ざした個人の「いんねん」、特に「前生のいんねん」の自覚である。この「前生のいんねん」の意味が自覚できるとき、生きていることの本来的な意味を心に治めることができるようになる。「おさしづ」の中でも、特に「身上伺い」のおさしづにおいて、「たんのう」は「前生いんねんのさんげ」であると繰り返し何度も諭されている。

出けんたんのうするは、前生いんねんのさんげ。前生いんねんは、これよりさんげは無いで。（明治三十二年三月二十三日）

また「さんげ」については、次のように教示されている。

見てさんげ、見えてさんげ。後々の事言うまでや。これから生涯先の事情定めるのがさんげ。これ一つ第一に定めにゃならん。（明治二十五年二月八日）

この道の教理において、「たんのう」と「さんげ」は密接不可分の関係にある。「前生いんねんのさんげ」とは、これまでの自らのあり方を深く反省するとともに、親神の思召をよく思案して、「これから生涯先の事情［を］定める」ことを意味している。「これから生涯先の事情［を］定めるのがさんげ」であり、「これ一つ第一に定めにゃならん」と諭されている。これから生涯かけて、どのような事柄も親神の「てびき」と悟り、親神にもたれて生きる心を定める、すなわち「たんのう」の心を治める。親神の守護によって「生かされて生きている」ことの自覚とともに、生きているということの喜びと感謝の心がおのずと湧いてくる。そこに、たすけられた喜びから、人をたすけさせていただく喜びへと次第に成人させていただくことができる。

六　「かしもの・かりもの」の理の自覚と信仰の生活化

この道の教えの中で、私たちの生の本質を端的に教示しているのは、「元初まりの話」に根ざした「かしもの・かりもの」の教理である。教祖から直接、話を聞いた先人は次のように説いている。

> もともとお道の教理の根本であるこの貸物借物が分かっていなければ、お道の人とはいえないのであります。人間、ほこりをつむのも、不足を重ねるのも、この「貸物借物の理」

が分からないからでございまして、これが分からないために、たんのうという一つの誠を心に納める事が出来ないのでございます。（註10）

私たちは日々、自分の知恵や力で「生きている」のではなく、親神の限りない守護の理に包まれて「生かされて生きている」のである。こうした生の根源的事実性は、私たちが一瞬の休みもなく息をしているという生の具体的事実性に示唆されている。出す息と引く息は、私たち人間が生まれたときから出直すときまで、ほんとうに一瞬の休みもない。この十全の守護をくださる親神の存在自体は私たちの目には見えない。しかし、親神の限りない守護の理は夜となく昼となく一時も休むことなく、私たちの身の内において、また世界において充ち満ちている。「おさしづ」には、次のように諭されている。

蝶や花のようと言うて育てる中、蝶や花と言うも息一筋が蝶や花である。これより一つの理は無い程に。（明治二十七年三月十八日）

私たちは「元の神」「実の神」である親神の守護の理があるからこそ生きていることができる。

この「かしもの・かりもの」の教理がお道の教義の根本をなしている。したがって、この教理が意味するところをしっかりと心に治めることが最も肝心である。「かしもの・かりもの」の理を心底から自覚的に理解することによって、息一つにさえも親神の篤い守護の理をしみじみと感じることができるようになる。そして、自らの生き方を親神の思いに沿う神一条の心へと、大きく根本的に転換することができるようになる。

私たちはとかく、いまここに生きていることを当たり前であるかのように思いがちである。それはちょうど靄《もや》がかかっている中で生活しているようなものである。しかし、この道の教義の根本が自覚的に理解できて、心の靄が次第に晴れてくるにつれて、この存在世界は親神の十全の守護の世界であることが徐々に見えてくるようになる。心が澄んでくるにつれて、私たちの生の根源、生きていることの本質的なあり方が生の深みにおいて自覚される。私たちが親神の守護によって「生かされて生きている」という「かしもの・かりもの」の理が心に治まる。生の根拠としての「いんねん」も心底から自覚されて、親神の守護によって「生かされて生きている」ことの喜びがおのずと湧き上がってくる。

親神の守護によって「生かされて生きている」ことの喜びは、日常生活の中でおのずと行為や態度となって現われる。そうした行為や態度は「ひのきしん」と教えられる（註11）。「みかぐ

らうた」において、

なんでもこれからひとすぢに　かみにもたれてゆきまする　　三下り目　7
やむほどつらいことハない　わしもこれからひのきしん　　三下り目　8

と教えられているところである。お道の信仰に根ざした心の使い方が「たんのう」であるのに対して、「たんのう」の心の実践あるいは行為的表現が「ひのきしん」である。「ひのきしん」とは親神の限りない守護に包まれて生かされている喜びと感謝の心から生じる行為である。それは、お道の信仰が生活化あるいは実践された姿である（註12）。
「ひのきしん」に込められた含蓄深い意味は、「みかぐらうた」において端的に教示されている。

ひとことはなしハひのきしん　にほひばかりをかけておく　　七下り目　1
ふうふそろうてひのきしん　これがだい〻ちものだねや　　十一下り目　2
みれバせかいがだん〳〵と　もつこになうてひのきしん　　十一下り目　3
よくをわすれてひのきしん　これがだい〻ちこえとなる　　十一下り目　4

「ひのきしん」とは、親神の守護によって生かされて生きていることの喜び、感謝の心を何らかの行為に表現することである。一言でいえば、神恩報謝の行為である。それは、だれもがいつでも、またどこでも日常生活において実行できるところに、その特徴がある。「ひのきしん」の根本的な心的態度は「よくをわすれてひのきしん」と教えられるように、自らの欲の心を忘れることである。それは「ふうふそろうてひのきしん」といわれるように、人間関係の根本である夫婦が心を一つにして「ひのきしん」をさせていただく。それが陽気ぐらし世界の実現へ向けて「だい〳〵ちものだね（第一物種）」、すなわち世の中が真に治まる根本となる。

「ひのきしん」の表現のしかたは実に多種多様である。「ひとことはなしハひのきしん」と教えられるように、一言の言葉によって人の心を明るく勇ませるのも「ひのきしん」である。また「もつこになうてひのきしん」と教示されるように、身をもってする行いも「ひのきしん」である。「ひのきしん」は老若男女を問わず、元気な人も、あるいは、たとえ病んでいる人であっても、だれもがいつでもどこでも、できるものである。最も大切なのは「ひのきしん」の形ではなく、その中に込められた誠真実の心なのである。

おわりに

私たちは「生の根源的意味の探究」というテーマに沿って、この道の教義および信仰を教義学的パースペクティヴ（視座）からできる限り明らかにしながら、私たち人間存在の生の存在根拠とその根源的意味を考察し、それを自覚的に理解しようとしてきた。教義の根本を心底から理解することによって、自らの生の根源的意味を自覚することができるようになる。また日々の生活の中に、教義と信仰を織り込むことができるようにもなる。教理の理解と日々の信仰の実践とは、まさに密接不可分な関係にある。

日常生活の中で、ふだん物事を捉えるとき、私たちは物事そのものを生のままのあり方で把握していると理解しがちである。私たちは近代科学的な世界観の中で生きており、そうした科学的なものの見方にしたがって、この世界における物事を捉えることに慣れている。ところが、生の深みへ向けて生の事実性を掘り下げて問うとき、それは生の日常的事実性の次元において、事物事象がパースペクティヴ的に与えられていることに気づく。このことは、私たちが「近代の知」によって構築された意味世界、あるいは文化によって構造化された意味の世界に生きていることを示している。つまり、既成の日常的な意味世界は私たちの生活世界それ自体ではなく、生活世界の表層にすぎないのである。生活世界の深み、すなわち日常的な意味世界の深みには、現象学的にいえば、すべての個別的な日常経験の普遍的な基盤として、あらかじめ「直接与えられている世界」が現前している。それは、すべての意味形成の根源的な基盤として、すでに与えられている世界、親神の守護の世界である。この生活世界の深みは、私たちが親神にもたれて信仰に生きることをとおして次第に開示される。

このように、私たち人間は二重の生の世界に生きる存在である。私たちの心の地平が生の表層から生の深層へと深まっていくにつれて、生の世界全体が次第に拓《ひら》かれていく。この存在世界が無限の拡がりと深みをもつ親神の守護の世界であり、私たち人間が、親神の守護によって「生かされて生きている」という生の根源的事実性を自覚的に理解できることになる。

生の根源的意味の自覚とは一言でいえば、原典をとおして理解された教理が自らの存在認識、および日々の生き方と不可分に結びついている根本的なあり方である。それはまさに誠真実の心である。それは親神の守護の理に目覚め、自らの生の根源を自覚したあり方、親神の思召に沿った心のあり方を意味する。親神の守護に包まれて「生かされて生きている」という生の根源的事実性が次第に自覚されるにつれて、心に映る世界が大きく変わっていく。誠真実の心が私たち一人ひとりの生を支える生き方の根幹となっていく。天理教コスモロジーが開示する二重の生のつながり、すなわち生の本来的なあり方を理解することによって、生きていることの意味の深みを自覚することができるようになる。そうした生の根源的自覚に根ざす心的態度は人をたすける心である。人が苦しんでいるのを見て、じっとしておれず、どうにかしてたすかってもらいたいとの思いから、一生懸命に尽くさせていただく——こうした誠真実の心を、親神はそのままにお受け取りくださる。日常的な意味世界において、誠真実は一見、弱いように思える。しかし生の根源の地平においては、これこそが「天の理」にかなうものであり、これほど強いものはない。「おさしづ」において、

一つ誠という理を聞かそう。誠程強いものはない、誠は天の理である。誠であれば、それ世界成程と言う。（明治二十一年六月二日）

誠一つの理は天の理、天の理なれば直ぐと受け取る、直ぐと返《かえ》すが一つの理。（明治二十三年四月十七日）

と諭されているところである。「おかきさげ」には、次のようにも諭されている。

人を救ける心は真の誠一つの理で、救ける理が救かるという。

「人を救ける心は真の誠一つの理」といわれる。何も求めるところなく、わが身を忘れて、ただたすかってもらいたいという誠真実の心は誠の中の誠である。自己と他者の関わりの中で生きることの意味は、こうした日々の信仰実践をとおして自覚的に理解される。そこで「救ける理が救かる」と教えられる。この心でもって尽くすところに、自らもたすけていただけるのである。「おふでさき」には、

このさきハせかいぢうハ一れつに　よろづたがいにたすけするなら　十二 93
月日にもその心をばうけとりて　どんなたすけもするとをもゑよ　十二 94

と教示されている。私たち人間がお互いに立て合いたすけ合うとき、親神は私たちの誠真実の心を受け取って、どのようなたすけもしてくださる。したがって、天理教コスモロジー（人間観・世界観）の視座に照らせば、誠真実の心は人間存在の根本的なあり方である。「おさしづ」

には、誠の心の大切さが次のように諭されている。

　国で一人でも誠の理をあれば、この元から芽が吹くと言うであろ、と。

（明治二十一年十二月二十二日）

　一人ひとりの心に「誠の理」があれば、「この元から芽が吹く」といわれる。私たち一人ひとりの心が澄みきり、生の根源の地平において自らの存在を捉えなおす。親神の守護の理に照らして、いまここに「生きている」ことの根源的意味を自覚的に理解する。そこに生の根源を自覚することができるようになる。このようにして生の根源的な自覚に基づいて、私たちはどのような中にあっても親神にもたれ、教祖ひながたの道を信仰生活の指針として陽気づくめの日々を生きることができるようになる。この道の信仰を生きる中で、この存在世界が「元の神」「実の神」たる親神の守護の世界であることを心底から理解できることにもなる。

　天理教のコスモロジーが開示する生の事実性は、自らの知恵や力で「生きている」という日常経験的な知の次元で捉えられる生の日常的事実性ばかりではない。それは生の日常的事実性を超えて、親神の限りない守護に包まれて「生かされて生きている」という、まさに存在の根源の地平で捉えられる生の根源的事実性なのである。生の根源的意味の自覚とは、まさに最後（だめ）の教えをとおして、私たち人間存在の生の根源的事実性を理解し、またそれと同時に私たちの信仰の歩みの中で、誠真実の心で生の根源的事実性の意味理解を生活化していくことであると言えるであろう。

あとがき

筆者はこれまで、さまざまな機会に天理教教義学に関する諸論考を発表させていただいてきた。また現在、天理大学宗教学科および天理教校本科（研究課程）では、天理教教義学の講義を担当させていただいている。そうした中、今年（二〇一一年）は天理教教義学の確立を目指された諸井慶徳先生（一九一四—一九六一）が出直されて、ちょうど五十年目に当たる。そのこともあって、大学の講義や会議などの合間を縫って、すでに発表させていただいた諸論文の中から、天理教教義学に関する論考をいくつか選んで加筆修正し、一つの纏《まと》まりをもたせようとした。本書は天理教教義学の視座から、親神の守護の構造および人間存在の生の根源的意味を探究しようとする、一つの天理教教義学試論である。そうは言っても、拙著は諸井先生が目指された天理教教義学の確立へ向けて、私自身、まだおぼつかない一歩を踏み出した未熟な試作にすぎない。

天理教教義学の研究は諸井慶徳先生によって本格的に始まり、深谷忠政先生や中島秀夫先生などの天理教学者によって継承され推進されてきた。天理教教義学とは言うまでもなく天理教教義の学、あるいは信仰の学である。諸井先生が強調されたように、天理教教義学は天理教の教義を、ただ客体的な研究対象として取り扱うのではなく、教義を主体的に理解しようとする。その点に「信仰の学」としての天理教学、とりわけ天理教教義学の本質的特徴がある。

第二次世界大戦後、本教の「復元」の歩みの中で、周知のごとく、中山正善二代真柱様は全教の先頭に立って天理教学研究を進められた。そうした中で、天理教教義学の樹立を目指して、諸井先生が著された天理教学の諸論考は際立っていた。ここでは、諸井先生が取り組まれた教義学研究の学問的態度に少しふれておきたい。

諸井先生は「天理教神学序章—その輪郭と課題に就いて—」(『天理教学研究』創刊号、一九五〇年)という論文で、今後、探究すべき天理教学の研究領域を確認され、その後の天理教学研究の指針を明示された。また「教義学概論」(その一)では、天理教教義学の方法論的特徴について「教義学概論」と「教義概論」の違いに注目しながら次のように論じられている。「教義概論」が教義の諸側面を取り出して、それらを「横観的ないし平面的」に展望し、「教義の各方面を広く眺めんとする」のに対して、「教義学概論」は「教義を何等かの体系にもたらし、重点的に、かつ綜合統一的に把握し、縦観的ないし主体的に、その要項を深く探求し、理念的にふみ込んで信仰的納得をもたらさんとする」。つまり、諸井先生によれば、天理教教義学は

「教理の内容を信仰的に認証し、主体的に追求する真摯《しんし》なる信仰行為に外ならない」。したがって、教義学の「学」の意味内容は必ずしもWissenschaftとかscienceと同義ではない。それは教義を客体的対象として検討するのではなく、教義を主体的に理解していく学であるからである。こうした脈絡から、教義学は「学」というよりも、「行」とか「道」であることを強調される。こうした点を踏まえて、諸井先生は教義学を「教義を主体的に味読し体得して行くこと」それ自体であると言われた。

このように語られた諸井先生は実際、自ら真摯に教義の理解を深めるとともに、信仰の実践に励まれた。諸井先生は二十七歳のとき山名大教会長になられ、以後十九年余りの間、教会長として布教伝道の第一線に立たれた。それと同時に、天理教教会本部では、さまざまな要職にあったばかりでなく、天理大学教授として天理大学宗教学科において、また天理教校長として天理教校本科において、天理教教義学および宗教学の講義を受け持たれた。

さらに昭和二十九年から三十年にかけて、諸井先生は十七回にわたって『みちのとも』に教義学の論文「天理教の本質」を連載されている。それは啓示論、救済論、神論、人間論という内容構成であった。その論考は後に一九五五年、『天理教教義学試論』として正道社から出版された。その後、同書は諸井先生のお出直し後、一九六二年、諸井慶徳著作集第一巻として天理教道友社から出版されている。深谷忠政先生は同書の「出版に際して」（一—四頁）の中で、「『天理教教義学試論』は、大体において、慶徳君の天理大学での講義をまとめたもののようである」と述べられ、さらに「慶徳君の教義に関する理解の深さ広さと同時に、学問一般についての極めて豊富な蘊蓄《うんちく》をひしひしと感ぜずにはおれない」と記されている。諸井先生が探究された天理教教義学試論は、私たちにとって教義学研究を進めていく指針となっている。

諸井慶徳先生は天理教学者であるとともに宗教学者でもあった。ただ、諸井先生の宗教学は最後（だめ）の教えの真理性を掘り下げて探究するための宗教学研究であったと言えるであろう。その諸井先生の宗教学者としての研究業績が、いま新たに注目されている。評論家・若松英輔氏の諸井慶徳に関するエッセイが昨年、慶應義塾大学出版会の雑誌『三田文学』（第一〇〇号、二〇一〇年冬季号）に掲載されたことが契機となった。若松氏は第十四回三田文学新人賞を受賞した新進気鋭の評論家で、創刊百年を迎えた雑誌『三田文学』に評論「井筒俊彦」を連載した。これらの評論は今年五月、『井筒俊彦——叡知の哲学』（慶應義塾大学出版会、二〇一一年）として出版された。

井筒俊彦（一九一四—一九九三）といえば、慶應義塾大学名誉教授・学士院会員で、イスラーム学・東洋哲学の世界的な碩学であった。若松氏はその評論の一環として執筆したエッセイの中で、諸井慶徳先生を井筒俊彦先生と同時代人として取り上げた。現在、井筒俊彦の東洋哲学研究を継承する「井筒ライブラリー・東洋哲学」叢書が、慶應義塾大学出版会から刊行されている。その編集委員会は十数年前に発足したが、発足当初から、筆者も編集委員を務めてきた。年に数回、鎌倉の井筒宅で編集委員会が開かれる。その会合は時には、海外から著名な研究者が参加するなど、一つの研究会でもある。そんな中で、井筒俊彦論を書きたいという若手の評論家がいると聞いていた。それは若松氏のことであった。若松氏は言う。諸井先生と井筒先生の学問を見てみると、「まるで、深い交わりがあったかのように、二人の仕事はそれぞれの独自性を明示しつつ、補い合っている」。筆者も全く同感である。

若松氏は偶然、諸井慶徳先生の学位論文『宗教神秘主義発生の研究―特にセム系超越神教を中心とする宗教学的考察―』（天理大学出版部）を手にしたという。その時のことが忘れられないともいう。「菊版千頁に迫る大部の書には、井筒俊彦が論じた、むしろ論じるはずだったテーマが縷々《るる》並んでいた」からである。諸井宗教学と井筒東洋哲学には、共通の研究テーマがある。シャマニズム、神秘主義、イスラーム神秘主義者のハッラージュ、イスラームの開祖ムハンマドと聖典コーラン、パウロなど。若松氏が言うように、たとえば、井筒先生と諸井先生のハッラージュ論以後、新たな論究を加え得た研究者を日本は輩出できていない。

このように、諸井慶徳先生の研究業績は天理教学ばかりでなく宗教学にも及ぶ。ところが、宗教学者としての諸井先生は一般的に、いまもほとんど忘れられたままである。四十六歳という若さで出直されたことが大きな要因であった。だが、若松氏は言う。「諸井慶徳の業績は天理教学に限定されない。宗教学者としての彼は、ユダヤ、キリスト、イスラーム、仏教といった世界宗教だけでなく、シャマニズムにまでを視野に入れ、哲学においては、ギリシアはもちろん古代インド哲学から現代思想までも射程にしつつ、統合的知に高め、主体的熱情をもって論じ得た第一級の宗教哲学者だった」。

諸井先生は『宗教的主体性の論理』において、人間存在の主体的あり方を「信においてある」あり方として捉え、あらゆる宗教の根源をなす信の本質構造を宗教学的に探究された。諸井宗教学の鍵概念の一つは「根柢」（Urgrund）である。諸井先生は「原初」を示す接頭辞“Ur”（ウル）を布置して、存在の根源性を強調された。「人は本来自らの力だけでは、その存在の『根柢』を知ることはできない。それが出来るのは超越者からの働きかけがあってのことなのである。人間と神との関係は不可逆的である」と若松氏は言う。こうした人間存在と神との関係性は、諸井先生の天理教教義学の本質構造を示している。

諸井先生がもう少し長く研究を続けておられたとすれば、天理教教義学の体系を樹立されたことだろう。筆者は諸井慶徳先生から直接、教えを受けたことはない。しかし、諸井先生の研究業績は学生時代以後、筆者の天理教学と宗教学の研究にとって大切な羅針盤となってきた。諸井先生が出直されて、ちょうど五十年の歳月が経った今日、諸井先生が目指された天理教教義学の確立へ向けて、私自身も日々、少しずつ研究の歩みを進めていきたいと心を新たにしている。

最後に、本書の出版に際しては、天理教道友社の皆様からご高配を賜った。ここに心から御礼を申し述べたい。なお、本書は二〇一一年度・天理大学学術出版助成を受けて出版された。学校法人天理大学および天理大学関係者の皆様に、深く感謝の意を表したい。

註

第一章　生の根源への問い

1　二十世紀後半、「近代の知」を再検討しようとする大規模な学術会議が天理大学で開催された。それは天理国際シンポジウム'86「コスモス・生命・宗教―ヒューマニズムを超えて―」(一九八六年十二月十二日〜十八日)であった。このシンポジウムは教祖百年祭を記念して、科学や哲学さらに宗教学などの諸研究領域における世界の代表的な碩学が一堂に天理に集まり、二十一世紀へ向けて、人間存在のあり方、ものの見方を討議したものである。

このシンポジウムの主な参加者としては、ジョゼフ・ニーダム(生化学・科学史・東洋学)、井筒俊彦(言語哲学・イスラーム哲学)、ウィルフレッド・スミス(宗教学)、河合隼雄(臨床心理学)などの研究者がおり、また天理教からは、村上和雄(生化学)、松本滋(宗教学)、中島秀夫(宗教学・天理教学)が討議に加わった。このシンポジウムの討議内容は、それぞれ日本語版と英語版として出版された。天理国際シンポジウム事務局編『コスモス・生命・宗教―ヒューマニズムを超えて―』天理大学出版部、一九八八年。Tenri International Symposium Office ed., *Cosmos-Life-Religion: Beyond Humanism*, Tenri: Tenri University Press, 1988.

2　現代のスピリチュアリティ現象をめぐる掘り下げた宗教研究については、島薗進『スピリチュアリティの興隆』岩波書店、二〇〇七年を参照。

3　天理教教義学に関する代表的な研究としては、次の著作がある。
諸井慶徳『天理教教義学試論』（諸井慶徳著作集第一巻）天理教道友社、一九六二年
諸井慶徳『天理教神学序章』（諸井慶徳著作集第六巻）天理教道友社、一九七一年
深谷忠政『天理教教義学序説』天理教道友社、一九七七年
中島秀夫『総説　天理教学』天理やまと文化会議、一九九二年

4　諸井慶徳『天理教神学序章』、一七頁。

5　中山正善「天理教教典稿案講話」『火水風―二代真柱教義講話集―』天理教道友社、一九七七年、五八―五九頁。

6　中島秀夫「天理教教義学の概念と課題」『天理教校論叢』第四号、天理教校本科研究室、一九六三年、一一九頁。また中島秀夫『総説　天理教学』、一四頁参照。

第二章　天理教教義学の視座

1　天理大学宗教学科研究室「原典による原典の理解―深谷忠政先生に聞く―」『天理教学研究』第三二号、一九九四年、九頁を参照。

2　深谷忠政『天理教教義学序説』、二二六―二二七頁。

3　三原典に関する詳論については、拙著『天理教人間学の地平』天理大学出版部、二〇〇七年を参照。ちなみに現代の宗教学界において、聖典のパロール性あるいは口述性に注目し、今日の聖典研究を推進した研究書としては、ウィリアム・グラハム（William Graham ハーバード大学神学大学院長）の著書『書かれた言葉を超えて』（*Beyond the Written Word*, Cambridge: Cambridge University Press, 1987）とか、ミリアム・レヴェリング（Miriam Levering テネシー大学教授）の編著『聖典を再考する―比較の視座からのエッセー』（*Rethinking Scripture: Essays from a Comparative Perspective*, Albany, NY: SUNY Press, 1989）などがある。

4　教学研究における信仰者の伝承や手記の重要性については、諸井慶徳氏も指摘しておられる。詳しくは、諸井慶徳『天理教神学序章』（諸井慶徳著作集第六巻）、九頁を参照。

5　中島秀夫『総説　天理教学』、一四頁。

6　天理教人間学の一つの試みとして、拙著『天理教人間学の地平』を参照。

7　諸井慶徳『天理教神学序章』、五頁。

8　拙論「現代における教育と家族の諸問題―天理教の視点」（「天理教とキリスト教の対話Ⅱ」組織委員会編『教育・家族・宗教―天理教とキリスト教の対話Ⅱ』天理大学出版部、二〇〇五年）を参照。

9　「天理教とキリスト教の対話」組織委員会編『天理教とキリスト教の対話』天理大学出版部、一九九八年、The Organizing Committee of "Tenrikyo-Christian Dialogue" ed, *Tenrikyo-Christian Dialogue* (Tenri: Tenri University Press, 1998). および、「天理教とキリスト教の対話Ⅱ」組織委員会編『教育・家族・宗教―天理教とキリスト教の対話Ⅱ』天理大学出版部、二〇〇五年、The Organizing Committee of "Tenrikyo-Christian Dialogue" ed, *Tenrikyo-Christian Dialogue II* (Tenri: Tenri University Press, 2005) を参照。

10　こうした取り組みの具体的な研究成果として、天理やまと文化会議編『道と社会――現代"事情"を思案する』、天理教道友社、二〇〇四年、および、天理大学おやさと研究所編『環境問題と天理教』天理大学出版部、二〇〇一年がある。

11　生の根源的事実性に関する議論については、拙著『天理教人間学の地平』を参照。

12　天理教教会本部は本質的に、ぢばの理に基づいて存在している。この点については、「おさしづ」において次のように諭されている。

　世上の気休めの理を、所を変えて一寸《ちょっと》理を治めた。世上には心休めの理、ぢばには一寸理を治める。ぢばの理と世界の理とはころっと大きな違い。世界で所を変えて本部々々と言うて、今上《かみ》も言うて居れども、あちらにも本部と言うて居れど、何にも分からん。ぢばに一つの理があればこそ、世界は治まる。ぢばがありて、世界治まる。

（明治二十一年七月二日）

13　中山正善「天理教教義における言語的展開の諸形態―第十回国際宗教学、宗教史会議における研究発表―」『みちのとも』一九六〇年十一月号、七頁、一一頁。この研究論文は中山正善『陽気ぐらし』（天理教道友社、一九七七年）に、「原典と教義について」と題して収録されている。

14　同右論文、一一頁。

15　深谷忠政『天理教教義学序説』、二七頁。また「原典による原典の理解―深谷忠政先生に聞く―」（『天理教学研究』第三十二号）、九頁を参照。

第三章　根源的啓示と生の根源的事実性

1　ここでいう「根源的啓示」とは、あらゆる世界事象を親神の啓示として認識する、いわゆる「自然啓示」とか「一般啓示」に対して、「教祖によって直接に教えられた歴史的事実としての啓示」を意味している。詳しい議論については、中島秀夫『総説　天理教学』、一四三―一五五頁を参照。

2　諸井慶徳『天理教教義学試論』（諸井慶徳著作集第一巻）、七四―七六頁。

3　「こふき話」十六年本（桝井本）、中山正善『こふきの研究』天理教道友社、一九五七年、一二七頁。

4　諸井政一『正文遺韻抄』天理教道友社、一九七〇年、一九〇頁。

5　同右書、一九一頁。

6　「元の理」の話に関する研究には、たとえば次の著作がある。
上田嘉成「元初まりの話」、道友社編『天理教教理入門』天理教道友社、一九八七年
深谷忠政『教理研究　元の理』（改訂新版　道友社新書10）天理教道友社、一九八〇年
荒川善廣『「元の理」の探究』天理大学出版部、二〇〇四年

7　拙論「『いんねん』と因縁―天理教教義学研究9―」『みちのとも』一九九六年十二月号、五二―五五頁。

8　『稿本天理教教祖伝逸話篇』（「一三五　皆丸い心で」）、二二六―二二七頁。

9　『改訂天理教事典　教会史篇』における「田原分教会」によれば、久保小三郎は、安政二年（一八五五年）の生まれで、昭和三年に七十四歳で出直した。明治十九年四月ごろ、田原村（現・奈良市矢田原町）において明元講が結成されたが、その講元になった。その後、明治二十三年一月十三日に田原支教会の初代会長になった。子供の楢治郎は、明治十一年六月六日の生まれで、明治四十二年二月、二代会長になった。

10　『稿本天理教教祖伝逸話篇』には、たとえば「八　一寸身上に」とか、「二四　よう帰って来たなあ」などの逸話がある。

11　中山正善『「神」「月日」及び「をや」について』養徳社、一九三五年を参照。

12　拙稿「親神とその呼称―『神』『月日』『をや』に込められた意味―」『天理教学研究』第三四号、

一九九六年を参照。

13　この点については、シンポジウム「天理教とキリスト教の対話」においても討議された。詳しくは、『天理教とキリスト教の対話』天理大学出版部、一九九八年の第一セッション（専門部会における討議）とエクストラ・セッションを参照。

14　諸井政一『正文遺韻抄』天理教道友社、一九七〇年、一三八頁。

第四章　親神の呼称に込められた意味

1　中山正善『「神」「月日」及び「をや」について』、一頁。

2　同右書、六五頁。

3　和歌体十四年本（山澤本）148、中山正善『こふきの研究』天理教道友社、一九五七年、七二頁。

4　十六年本（桝井本）、中山正善『こふきの研究』、一二五頁。

5　同右書、一二七頁。

6　拙稿「『元の理』と『見立て』—宗教学的視点から—」『G—TEN』55、天理やまと文化会議、一九九〇年を参照。

7　拙稿「守護の理とその説き分け—『おふでさき』と『こふき話』をめぐって—」『天理教学研究』第二四号、一九八五年を参照。

8　中山正善『「神」「月日」及び「をや」について』、一七―一八頁。
9　『おふでさき註釈』、一五四頁。
10　十六年本（桝井本）、『中山正善『こふきの研究』、一三三頁。詳細な議論については、拙稿「守護の理とその説き分け―『おふでさき』と『こふき話』をめぐって―」（『天理教学研究』第二四号）における「天体による説き分け」を参照。
11　和歌体十四年本（山澤本）121～123、中山正善『こふきの研究』、六九―七〇頁。
12　諸井慶徳「基本弁証法としての月日の理―天理教教理に於ける『月日』の哲学的考察―」『天理教校論叢』第二号、一九五九年。
13　中島秀夫『総説　天理教学』天理やまと文化会議、一九九二年、一〇九―一一〇頁。
14　十六年本（桝井本）、中山正善『こふきの研究』、一二八頁。
15　中山正善『「神」「月日」及び「をや」について』、五六―五七頁。
16　説話体十四年本（手元本）、中山正善『こふきの研究』、八四―八五頁。
17　天理教教会本部編『天理教教典』天理教道友社、四三頁。

第五章　親神の守護―「元の理」とたすけ―

1　拙稿「守護の理とその説き分け―『おふでさき』と『こふき話』をめぐって―」『天理教学研究』

第二四号、一九八五年を参照。
2 中山正善『ひとことはなし　その三』天理教道友社　一九四六年、六一―六二頁。
3 中山正善『こふきの研究』を参照。また「こふき話」写本に関する比較考察については、拙稿「守護の理とその説き分け」を参照。
4 この点に関する詳細な議論については、拙稿「守護の理とその説き分け」『天理教学研究』第二四号を参照。
5 「二つ一つ」の論理に関する議論については、拙稿「論理　二つ一つ」（天理大学おやさと研究所編『天理教のコスモロジーと現代』天理大学出版部、二〇〇六年）を参照。
6 さづけの理とその意味に関する詳しい議論については、桝井孝四郎『おさしづ語り草（上）』道友社新書、一九九四年を参照。

第六章　「かしもの・かりもの」の教理とその理解

1 拙稿「守護の理とその説き分け」『天理教学研究』第二四号を参照。
2 天理教の論理「二つ一つ」に関する考察については、拙論「論理　二つ一つ」『天理教のコスモロジーと現代』（天理大学おやさと研究所編）、天理大学出版部、二〇〇六年を参照。
3 十六年本（桝井本）、中山正善『こふきの研究』一二九頁。

4　道友社編『誠真実《まこと》の道・増井りん』道友社新書、一九八六年、一三四―一三五頁。
5　同右書、一五三頁。
6　同右書、一五三―一五四頁。
7　同右書、一五五頁。
8　増井りんという先人の入信に関する逸話については、拙稿「親子―36『定めた心』」（天理大学おやさと研究所編『逸話篇に学ぶ生き方3』天理大学出版部、二〇〇九年）を参照。
9　松村吉太郎自伝『道の八十年』養徳社、一九五〇年、九二―九三頁。
10　諸井政一『正文遺韻抄』、一九二頁。
11　同右書、二二九頁。
12　天理大学おやさと研究所編『改訂天理教事典』（天理教道友社、一九九七年）の項目「神一条」を参照。
13　詳しくは『改訂天理教事典』の項目「里の仙人」を参照。
14　Martin Heidegger, *Sein und Zeit*, Gesamtausgabe, Bd. 2, 1977(1927), S. 309ff.（原佑・渡辺二郎訳『存在と時間』世界の名著62、中央公論社、一九七一年、三八五頁以下）
15　インド宗教における輪廻転生の思想については、拙論「インド宗教思想における他界観」（細田あや子・渡辺和子編『異界の交錯（下巻）』リトン、二〇〇六年所収）を参照。

第七章　生の意味と原典理解

1　河合隼雄『より道　わき道　散歩道』創元社、二〇〇二年、七九—八一頁。

2　Edmund Husserl, *Die Krisis der europäischen Wissenschaften und die transzendentale Phänomenologie*, Husserliana VI. (Netherlands: Martinus Nijhoff, 1976), S. 105-193.　E・フッサール（細谷恒夫・木田元訳）『ヨーロッパ諸学の危機と超越論的現象学』中央公論社、一九七四年、一四三—一七二頁。および、野家啓一「生活世界」『現象学事典』弘文堂、一九九四年、二五九—二六三頁を参照。

3　Wilhelm Dilthey, *Der Aufbau der geschichtlichen Welt in den Geisteswissenschaften*, Gesammelte Schriften, Bd. VII, (Leibzig: B.G. Teubner, 1927).　ディルタイ（尾形良助訳）『精神科学における歴史的世界の構成』以文社、一九八一年。また塚本正明『生きられる歴史的世界—ディルタイ哲学のヴィジョン—』法政大学出版局、二〇〇八年、一九—二〇頁を参照。ディルタイ研究で知られる塚本正明も指摘しているように、ハイデガーは後に『存在と時間』（*Sein und Zeit*）において、「気分」（Stimmung）を存在論的理解の根本的契機とみなしたが、ディルタイの「感情」に関する洞察は、先駆的な意義をもっていたと言えるであろう。

4　天理教の人間観に関する意味論的視座については、拙著『天理教人間学の地平』（天理大学出版部、二〇〇七年）、および拙論「天理教学のパースペクティヴとはなにか」『天理教学研究』第四二号（天理大学宗教学科研究室編、天理教道友社、二〇〇六年所収）を参照。

5　*Bhartṛharis Vākyapadīya: die Mūlakārikās nach den Handschriften herausgegeben und mit einem Pāda-index versehen von Wilhelm Rau*, (Wiesbaden: Franz Steiner, 1977), I.23, S. 39. バルトリハリ（赤松明彦訳注）『古典インドの言語哲学１』（平凡社、一九九八年）、五四頁、および『古典インドの言語哲学２』の赤松明彦「解説」を参照。

6　Rudolf Otto, *Das Heilige*, 1917(München: Verlag C.H. Beck, 1963), S. 7.　ルードルフ・オットー（華園聰麿訳）『聖なるもの』創元社、二〇〇五年、一八頁。

7　松村吉太郎自伝『道の八十年』養徳社、一九五〇年、九二―九五頁。

8　諸井政一『正文遺韻抄』天理教道友社、一九七〇年、一九二頁。

9　上田閑照『ことばの実存』筑摩書房、一九九七年、九六頁。

10　ポール・リクール（久米博訳）『生きた隠喩』「日本語版への序文」岩波書店、一九八四年、viii頁。Cf. Paul Ricoeur, *La métaphore vive*, (Paris: Édition de Seuil, 1975).

第八章　信仰の世界と言葉

1　意味論的視座については、『天理教人間学の地平』における「生の意味論的パースペクティヴ」を参照。

2　『稿本天理教教祖伝逸話篇』（「一三七　言葉一つ」）、二二八―二二九頁。

3　拙稿「家族と信仰――16『子供が親のために』」（天理大学おやさと研究所編『逸話篇に学ぶ生き方』天理大学出版部、二〇〇三年）を参照。
4　高野友治『先人素描』天理教道友社、一九七九年、三六頁。
5　松村吉太郎自伝『道の八十年』養徳社、一九五〇年、九二―九五頁。
6　『稿本天理教教祖伝逸話篇』（「一九七　働く手は」）、三二〇頁。
7　拙稿「『生きている』ということの意味―天理教人間学の地平から―」『天理教学研究』第三一号、一九九二年を参照。
8　『稿本天理教教祖伝逸話篇』（「一二三　人がめどか」）、二〇八―二〇九頁。

第九章　身上・事情に込められた意味

1　中島秀夫「病と癒し」『総説　天理教学』、二八三―二九二頁。
2　「身上さとし」と「事情さとし」については、次のような教理研究がある。
深谷忠政『教理研究　身上さとし』天理教道友社、一九六二年。
同『身上さとし』養徳社、一九八六年。
同『続　身上さとし』養徳社、一九九五年。
深谷忠政編『教理研究　事情さとし』天理教道友社、一九七四年。

深谷忠政『事情さとし』養徳社、一九九四年。

3　原典における「ふしぎ」の意味構造については、拙稿「ふしぎ」（天理大学おやさと研究所編『天理教の意味世界』天理大学出版部、二〇〇五年）を参照。

4　中山正善『「神」「月日」及び「をや」について』、五四―七二頁。なお、人間存在の本質に関する教義学的な議論については、諸井慶徳『天理教教義学試論』（諸井慶徳著作集第一巻）、および拙稿「生の根源とその自覚―天理教教義学研究―（一―一二）」（『みちのとも』天理教道友社、一九九六年四月号―一九九七年三月号）を参照されたい。

5　拙稿「『生きている』ということの意味―天理教人間学の地平から―」『天理教学研究』第三一号、一九九二年、一一―二五頁。

6　詳細な議論については、中島秀夫『総説　天理教学』天理やまと文化会議、一九九二年、二八三―二九二頁を参照。

7　中山正善『第十六回教義講習会第一次講習録抜粋』天理教道友社、一九九七年、三九一―三九三頁。

8　「おふでさき」には、「さハり」の語が十六例、「さわり」の語が一例みられる。また「おさしづ」には、「身（が）障る」「身上障る」「身上に障る」「身上に障り付く」「身の障り付く」「身上の処障る」「身上の処障り付く」「身の内障る」などの表現がみられる。

9 中山正善『こふきの研究』、一二九―一三〇頁。
10 桝井孝四郎『おさしづの手引 その二』天理教道友社、一九六七年、六〇―六三頁。
11『稿本天理教教祖伝逸話篇』(「八 一寸身上に」)、七―九頁。
12『稿本天理教教祖伝逸話篇』(「一一 神が引き寄せた」)、一二―一三頁。
13『稿本天理教教祖伝逸話篇』(「三六 定めた心」)、五八―六三頁。

第十章 生の根源の自覚と信仰

1 橋本武人『いんねん―夫婦・親子』天理教道友社、一九九五年、一〇―一一頁。
2 諸井政一『正文遺韻抄』、二二四頁。
3 橋本武人『いんねん―夫婦・親子』、一七頁。
4 深谷忠政『天理教教義学序説』、二二五頁。
5 同右書、二六―二七頁。深谷忠政氏は「原典に対しては、まず原典間の関連ということ、すなわちみかぐらうたを総論、おふでさきを本論、おさしづを各論衍義《えんぎ》というがごとき態度で臨むことが肝心で、総論本論を各論でゆすぶってはならない」と指摘している。
6 深谷忠政『天理教教会学序説』天理教道友社、一九九五年、一五―一六頁。
7 諸井政一『改訂 正文遺韻』天理教道友社、一九五三年、二〇九―二一〇頁。

8 橋本武人「『皆んな勇ましてこそ』考」『天理教学研究』第三四号（教祖百十年祭記念号）、一九九六年、八五―八七頁。

9 諸井慶徳『ひのきしん叙説・たんのうの教理』（諸井慶徳著作集第三巻）、一九六三年、一三一―一三三頁。また、野村伝四「南大和方言語彙」（『日本文化』第九号）参照。

10 道友社編『誠真実の道・増井りん』道友社新書、一六三頁。

11 諸井慶徳『ひのきしん叙説・たんのうの教理』を参照。

12 筆者はひのきしんとボランティアを意味論的に捉えることによって、ひのきしんの特質を意味論的視座から考察したことがある。詳しくは拙稿「ひのきしんとボランティアの意味論」『天理大学人権問題研究室紀要』第五号、二〇〇二年を参照。

初出一覧

はじめに　書き下ろし

第一章　生の根源への問い

「生の根源への問い―天理教教義学研究　第一回―」（『みちのとも』天理教道友社、一九九六年四月号）

「生の根源の自覚―天理教教義学研究　第二回―」（『みちのとも』天理教道友社、一九九六年五月号）

第二章　天理教教義学の視座

「教義学研究とその地平―天理教教義学研究　第三回―」（『みちのとも』天理教道友社、一九九六年六月号）

「天理教学のパースペクティヴとはなにか」（『天理教学研究』第四二号、天理教道友社、二〇〇六年）

第三章　根源的啓示と根源的事実性

「根源的啓示と『元の理』―天理教教義学研究　第四回―」に基づく。
（『みちのとも』天理教道友社、一九九六年七月号）

第四章　親神の呼称に込められた意味
「親神とその呼称―『神』『月日』『をや』に込められた意味」
（『天理教学研究』第三四号、天理教道友社、一九九六年）

第五章　親神の守護―「元の理」とたすけ―
「親神とその守護の理―天理教教義学研究　第五回―」
（『みちのとも』天理教道友社、一九九六年八月号）
「根源からの救済とその基盤―天理教教義学研究　第六回―」
（『みちのとも』天理教道友社、一九九六年九月号）
「守護の理とその説き分け―『おふでさき』と『こふき話』をめぐって―」
（『天理教学研究』第二四号、天理教道友社、一九八五年）

第六章　「かしもの・かりもの」の教理とその理解
「かしもの・かりものの理と自覚―天理教教義学研究　第七回―」に基づく。
（『みちのとも』天理教道友社、一九九六年十月号）

第七章　生の意味と原典理解

「生の意味と原典理解―天理教人間学の視座―」

（『天理教学研究』第四三号、天理教道友社、二〇〇九年）

第八章　信仰の世界と言葉

「信仰と言葉―一三七『言葉一つ』―」に基づく。

（天理大学おやさと研究所編『逸話篇に学ぶ生き方2』天理大学出版部、二〇〇六年）

第九章　身上・事情に込められた意味

「身上・事情に込められた意味―天理教教義学研究　第八回―」

（『みちのとも』天理教道友社、一九九六年十一月号）

「病いとその根源的な意味」

（『天理教学研究』第三五号、天理教道友社、一九九七年）

第十章　生の根源の自覚と信仰

「『いんねん』と因縁―天理教教義学研究　第九回―」

（『みちのとも』天理教道友社、一九九六年十二月号）

「いんねんの自覚―天理教教義学研究　第十回―」

（『みちのとも』天理教道友社、一九九七年一月号）

「たんのうの心―天理教教義学研究　第十一回―」
（『みちのとも』天理教道友社、一九九七年二月号）

おわりに

「根源の自覚と信仰―天理教教義学研究　第十二回―」に基づく。
（『みちのとも』天理教道友社、一九九七年三月号）

本書収録に当たって、各章ともに加筆修正を行った。

澤井義次（さわい　よしつぐ）

1951年生まれ。天理大学人間学部宗教学科教授(同大学附属おやさと研究所兼任研究員)。天理教校本科(研究課程)講師。専門分野は宗教学・天理教学・インド学。天理大学宗教学科を卒業後、東北大学大学院を経て、ハーバード大学大学院(宗教学)へ留学。Ph.D.(ハーバード大学)、博士(文学)(東北大学)。現在、宗教倫理学会顧問、日本宗教学会常務理事などを務める。

主要著作

The Faith of Ascetics and Lay Smārtas, Wien: Sammlung de Nobili, 1992.

"The Structure of Consciousness in Śaṅkara's Philosophy," in *Consciousness and Reality: Studies in Memory of Toshihiko Izutsu,* Tokyo: Iwanami-shoten, 1998.

"Reflections on Bhakti as a Type of Indian Mysticism," in *The Historical Development of the Bhakti Movement in India,* New Delhi: Manohar, 2011.

『天理教とキリスト教の対話』（共著）天理大学出版部、1998年。

『聖者たちのインド』（共著）春秋社、2000年。

『岩波講座・宗教４　根源へ―思索の冒険―』（共著）岩波書店、2004年。

『天理教人間学の地平』天理大学出版部、2007年。

『宗教史とは何か』（下巻、共著）リトン、2009年。

天理教教義学研究—生の根源的意味の探究—

2011年10月26日　初版第1刷発行
2013年4月18日　初版第3刷発行

著　者　澤井義次

TENRIKYO DOYUSHA

発行所　天理教道友社
〒632-8686　奈良県天理市三島町271
電話　0743(62)5388
振替　00900-7-10367

印刷所　株式会社天理時報社
〒632-0083　奈良県天理市稲葉町80

ISBN978-4-8073-0561-2
定価は表紙に表示